子どもの個性に合わせた声がけで

偏差値10アップ！

中学受験を成功させる ママのサポート50のポイント

中学受験ママ力開花アカデミー
井上晴美
Harumi Inoue

日本能率協会マネジメントセンター

はじめに

中学受験は悩みがたくさん

私は日頃、「中学受験ママ力開花アカデミー」を主宰し、ママのサポート力を上げる講座を開講しています。お子さんの勉強塾ではなく、なぜママの講座なのか。それは、**親子関係が受験を成功体験にも失敗体験にも変えてしまうからです。**

受験が始まると、時間的にも精神的にも余裕がなくなってしまうもの。

お子さんは普段お友達と遊べていた時間が使えなくなり、宿題に追われ、テストに追われ…。これはお子さんだけの話ではなくママもそう。**宿題やテストが気になるのは、お子さんよりむしろママの方なんです。**受験がなければ感じなかったはずの大きなストレスを感じるようになってしまいます。

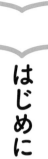

注意しても聞いてくれない。思ったように勉強してくれなくて困る。かといって叱ると拗ねてしまって半日潰れてしまう。そんな経験をほとんどのママがしているかと思います。

解決できない、行き場のない悩みや不安がある、そうした状況が続くとお子さんに向ける言葉もどんどんきつくなって、お子さんにストレスが伝播してしまいます。場合によってはこうなったのも自分のせいと自身を責めてしまうことも。そして、いつの間にか負のループに入り込んでしまいます。

子どもに成功体験をしてほしくて始めた中学受験なのに、ママやパパの言葉によって自己肯定感を下げてしまうとしたら本末転倒です。悲しいことに、それらのネガティブな行動や言動はテストの成績よりも深く記憶に残るもの。

何より今、ママ自身が心を痛めてらっしゃるのではないでしょうか？

実は私自身にもそのような経験があります。精神的に余裕がなくなり、娘に無理をさせてしまっていました。5年生11月入塾という遅いスタートだった長女。全てに遅れを取っていて、どんなふうに追いつけば良いかわからない状況に焦り、ただひたすら勉強をさせました。それにより、3ヶ月目のクラス分けテストで偏差値を20上げ、一番上のクラスに移ることができましたが、爪を噛む、腹痛を起こすなど、気がついた時には心が耐えられなくなってしまっていたんです。

それでも成績が上がったことに自信を持った私は「お母さんの言う通りにやっていればいいの」「どうしてできないの」と娘を責めるように。**あの時「私は頑張ってるよ」と悲しそうに涙を流した娘の表情を今も忘れられません。**

そのことでようやく気づいた娘の状態。こんなに辛い思いをさせて成績が上がってもちっとも幸せじゃない。そのような経験から、これからお伝えする個性心理學に出会いました。そして、子どもはただ勉強で成績が上がれば幸せになれるものではなく、また、子どもの心に寄り添わない勉強は長く続かないことを痛感しました。

それから個性心理學に基づき長女に合った声がけや勉強スタイルを見つけ、長女は無事桜蔭に合格することができました。また、6年生になっても習い事の大会に出る選択をした勝気な次女、首都圏最下位（？）の成績で入塾したおっとり三女の受験でも様々な障害がありましたが、個性を生かすことで落ち着いて対応できました。個性がわかるだけで、その子にあった環境を作ることや、声がけができます。それは、個性を知ることで不安に感じるポイントや、勉強への取り組み方の特徴がわかるからです。その結果、次女も三女もそれぞれ偏差値30アップで志望校合格を叶えました。

受験に悩むママが少しでも楽になれる方法として個性タイプを知ってもらいたい。そして、受験が家族の絆を深める成功体験の一つになってほしい。そんな想いからママのための講座を開講し、延べ4800人のママの受験の悩みに向き合ってきました。その経験を踏まえ、本書では、悩みの根本的な原因とそれを解決するための考え方をお伝えします。

本書の目的

この本では、以下のようなママのお悩みを解決することを目指しています。

1. 受験をしようかな…と悩んでいるママ
2. 受験勉強を始めてみたけど、どうしていいかわからない受験初心者ママ
3. 受験勉強を始めてから1、2年と経ち、勉強やお子さんとの関係に色々な悩みが続出してきている受験ママ

お子さんの個性によって、解決の仕方は異なるもの。そこで、本書では客観的にお子さんやママの違いを知るツールとして**個性心理學**を用い、個性を3つのタイプに分類して解決策を提示します。

個性心理學®ってなに？

まず、そもそも個性心理學とは何かということをお話しします。個性心理學とは、中国四〇〇〇年の統計学『四柱推命』と行動心理学を合わせた学問です。お子さん本

来の個性は遺伝によるものではなく、それぞれが持って生まれたものです。このお子さんが持っている資質や思考を知ることにより、なぜ親子間ですれ違いが生じるのかがわかります。そして、お子さんの思考パターンを理解することで、ママのイライラが減り、お子さんにとっても行動しやすい環境を作ることができるのです。

本書では、よくご相談頂くお悩みに対して、タイプ別の原因と解決策を提示していきます。次頁でお子さんとママのタイプをチェックしてから読み進めてくださいね。

☆個性心理學 60 分類換算表及び対応表の見方

例）1976 年 9 月 13 日生まれの場合 【計算方法】

1. 1976 年 9 月のコード数を確認する。→ 52（①）
2. コード数に生まれた日を足す。→ 52（①）＋ 13（②）=65（③）
3. 合計数が 60 を超える場合は、合計数から 60 を引く。→ 65（③）-60=5

コツコツ良い子タイプ	2,5,8,11,14,17,20,23,26,29,32,35,38,41,44,47,50,53,56,59
しっかり者タイプ	3,4,6,9,10,13,15,16,19,24,25,30,33,34,36,39,40,43,45,46,49,54,55,60
ひらめき天才肌タイプ	1,7,12,18,21,22,27,28,31,37,42,48,51,52,57,58

西暦／年号	1月	2月	3月	4月	5月	6月	7月	8月	9月	10月	11月	12月
1954（昭和 29）年	53	24	52	23	53	24	54	25	56	26	57	27
1955（昭和 30）年	58	29	57	28	58	29	59	30	1	31	2	32
1956（昭和 31）年＊	3	34	3	34	4	35	5	36	7	37	8	38
1957（昭和 32）年	9	40	8	39	9	40	10	41	12	42	13	43
1958（昭和 33）年	14	45	13	44	14	45	15	46	17	47	18	48
1959（昭和 34）年	19	50	18	49	19	50	20	51	22	52	23	53
1960（昭和 35）年＊	24	55	24	55	25	56	26	57	28	58	29	59
1961（昭和 36）年	30	1	29	0	30	1	31	2	33	3	34	4
1962（昭和 37）年	35	6	34	5	35	6	36	7	38	8	39	9
1963（昭和 38）年	40	11	39	10	40	11	41	12	43	13	44	14
1964（昭和 39）年＊	45	16	45	16	46	17	47	18	49	19	50	20
1965（昭和 40）年	51	22	50	21	51	22	52	23	54	24	55	25
1966（昭和 41）年	56	27	55	26	56	27	57	28	59	29	0	30
1967（昭和 42）年	1	32	0	31	1	32	2	33	4	34	5	35
1968（昭和 43）年＊	6	37	6	37	7	38	8	39	10	40	11	41
1969（昭和 44）年	12	43	11	42	12	43	13	44	15	45	16	46
1970（昭和 45）年	17	48	16	47	17	48	18	49	20	50	21	51
1971（昭和 46）年	22	53	21	52	22	53	23	54	25	55	26	56
1972（昭和 47）年＊	27	58	27	58	28	59	29	0	31	1	32	2
1973（昭和 48）年	33	4	32	3	33	4	34	5	36	6	37	7
1974（昭和 49）年	38	9	37	8	38	9	39	10	41	11	42	12
1975（昭和 50）年	43	14	42	13	43	14	44	15	46	16	47	17
1976（昭和 51）年＊	48	19	48	19	49	20	50	21	52	22	53	23
1977（昭和 52）年	54	25	53	24	54	25	55	26	57	27	58	28
1978（昭和 53）年	59	30	58	29	59	30	0	31	2	32	3	33
1979（昭和 54）年	4	35	3	34	4	35	5	36	7	37	8	38
1980（昭和 55）年＊	9	40	9	40	10	41	11	42	13	43	14	44
1981（昭和 56）年	15	46	14	45	15	46	16	47	18	48	19	49
1982（昭和 57）年	20	51	19	50	20	51	21	52	23	53	24	54
1983（昭和 58）年	25	56	24	55	25	56	26	57	28	58	29	59
1984（昭和 59）年＊	30	1	30	1	31	2	32	3	34	4	35	5

西暦／年号	1月	2月	3月	4月	5月	6月	7月	8月	9月	10月	11月	12月
1985（昭和60）年	36	7	35	6	36	7	37	8	39	9	40	10
1986（昭和61）年	41	12	40	11	41	12	42	13	44	14	45	15
1987（昭和62）年	46	17	45	16	46	17	47	18	49	19	50	20
1988（昭和63）年＊	51	22	51	22	52	23	53	24	55	25	56	26
1989（平成1）年	57	28	56	27	57	28	58	29	0	30	1	31
1990（平成2）年	2	33	1	32	2	33	3	34	5	35	6	36
1991（平成3）年	7	38	6	37	7	38	8	39	10	40	11	41
1992（平成4）年＊	12	43	12	43	13	44	14	45	16	46	17	47
1993（平成5）年	18	49	17	48	18	49	19	50	21	51	22	52
1994（平成6）年	23	54	22	53	23	54	24	55	26	56	27	57
1995（平成7）年	28	59	27	58	28	59	29	0	31	1	32	2
1996（平成8）年＊	33	4	33	4	34	5	35	6	37	7	38	8
1997（平成9）年	39	10	38	9	39	10	40	11	42	12	43	13
1998（平成10）年	44	15	43	14	44	15	45	16	47	17	48	18
1999（平成11）年	49	20	48	19	49	20	50	21	52	22	53	23
2000（平成12）年＊	54	25	54	25	55	26	56	27	58	28	59	29
2001（平成13）年	0	31	59	30	0	31	1	32	3	33	4	34
2002（平成14）年	5	36	4	35	5	36	6	37	8	38	9	39
2003（平成15）年	10	41	9	40	10	41	11	42	13	43	14	44
2004（平成16）年＊	15	46	15	46	16	47	17	48	19	49	20	50
2005（平成17）年	21	52	20	51	21	52	22	53	24	54	25	55
2006（平成18）年	26	57	25	56	26	57	27	58	29	59	30	0
2007（平成19）年	31	2	30	1	31	2	32	3	34	4	35	5
2008（平成20）年	36	7	36	7	37	8	38	9	40	10	41	11
2009（平成21）年	42	13	41	12	42	13	43	14	45	15	46	16
2010（平成22）年	47	18	46	17	47	18	48	19	50	20	51	21
2011（平成23）年	52	23	51	22	52	23	53	24	55	25	56	26
2012（平成24）年＊	57	28	57	28	58	29	59	30	1	31	2	32
2013（平成25）年	3	34	2	33	3	34	4	35	6	36	7	37
2014（平成26）年	8	39	7	38	8	39	9	40	11	41	12	42
2015（平成27）年	13	44	12	43	13	44	14	45	16	46	17	47
2016（平成28）年＊	18	49	18	49	19	50	20	51	22	52	23	53
2017（平成29）年	24	55	23	54	24	55	25	56	27	57	28	58
2018（平成30）年	29	0	28	59	29	0	30	1	32	2	33	3
2019（平成31／令和1）年	34	5	33	4	34	5	35	6	37	7	38	8
2020（令和2）年＊	39	10	39	10	40	11	41	12	43	13	44	14

＊はうるう年

（出典）個性心理學研究所®

ひらめき天才肌タイプ

いつも光り輝く中心でいたい
カンとひらめきはピカイチ
凄い人、立派な人が好き
ムードメーカー
束縛が嫌い
褒められ好き
ムラがある
面倒くさがり
細かいことを気にしない
可能性を大切にする
目指すは成功者

しっかり者タイプ

ペースを乱されたくない
自分と他人の区別がはっきりしている
自分の世界を大切にしたい
目指すは財産家
目標が明確でないとストレス
計画を立て、計画通り実行したい
「一生懸命」「納得」がキーワード
無理をする、負けん気が強い
曖昧、無駄が嫌い
おだてには決して乗らない
話は結論だけでいい

コツコツ良い子タイプ

友達、家族を大切にする
相手に合わせる
争いごとが嫌い
目指すは人格者
信頼が大切
人に振り回されがち
無駄が多い
こだわりがないように見える
先生との相性で好きな教科が変わる
素直に言うことを聞くので、最後には好成績へ

中学受験を成功させるママのサポート50のポイント 目次

第1章 中学受験を始める前に知っておくべき12のこと

第2章 受験で心身を壊さないために

第3章 子どもを萎縮させないママのサポート術

第4章 親子関係の要はママ！

第5章

中学受験、その先へ

※個性心理學に関する内容は、弦本將裕『動物キャラナビ［バイブル］第２版』（集英社、２０２０年）を参考にしています。

第1章

中学受験を始める前に知っておくべき12のこと

1 小学校での好成績も早期教育も、過信すると危ない

最近は低学年から通塾を検討されるご家庭が増えていますね。早くから塾に通い始めると、周りのお子さんよりも一歩リードできるというメリットがある一方で、デメリットもあります。ある時、受験生のMさんからこんなご相談を頂きました。

仕事をしていたこともあり、少し早めの3年生から入塾させました。入塾時から上のクラスで、4年生に上がっても心配なことがなくずっと成績が良かったので、ある程度自主性に任せて勉強を進めていました。ですが5年生になり成績がジリジリ下がり始めました。それから勉強に関わるようにしているのですが、私のアドバイスもうまくいかず、夏前のクラス分けテストでは下から2番目のクラスに…私も息子も何が悪いのかわからず、イライラ、焦る毎日です。

一体どうして？　実はこのパターン、お子さんが優秀だからこそ起きてしまうのです。良いクラスでスタートが切れても安心できるわけではありません。

子どもは、手抜きの天才です。３、４年生では、塾の勉強もまだ簡単ですので、式を飛ばしたり、図を描かなかったり、文章に線を引かなかったりしても、優秀な子は解けてしまいます。こういった手抜きをしていても答えが合っているなら大丈夫とママも放置してしまうのです。

ですが、**小５あたりからは、きちんと考えを整理しないと解けない複雑な問題が出てきます。**そうなってくると、これまでの手抜きをしたやり方では解けなくなり挫折してしまいます。元々優秀だったことでプライドも高く、「もうやりたくない！」となってしまうこともあります。

塾で習った方法で、手抜きなく解けていますか？　３、４年生の早いうちからに授業で習った手法が身についているかを丁寧に確認しましょう。

では、個性心理學的タイプ別に手抜きの傾向を見てみましょう。

ひらめき天才肌タイプ

授業内容もポイントを聞いてただけでわかった気になるタイプ。**1聞いて10わかったつもりで問題を解き始めます。しかし、いつまでもその天才ぶりが通用するわけではありません。**授業でも途中式などを抜かして解いていないか確認しましょう。

このタイプは「合っているから良いでしょ」「めんどくさい」となりがち。例えば大学受験の数学での作図や解法を見せ、中学受験よりももっと先をイメージさせてあげるといいですね。凄い人に憧れるタイプですから、将来をイメージさせることが効果的です。

しっかり者タイプ

合理的で無駄が嫌いなしっかり者タイプのお子さんはなんでも時短。**手順を省いて正解するならその方が良いと思っています。**それゆえ意識的に省くことすらあります。「書かなくてもわかるのに時間の無駄」「書く労力が惜しい」さらには「なんとか書かずにできないか」と考えるくらいです。

そんなタイプのお子さんに、ただ「丁寧に書きなさい」と連呼しても、聞き入れてはくれません。5、6年生で成績が上がる、入試で点数が取れる。そのための最も効率的な方法として、今どうすることがベストなのかを論理的に教えてあげましょう。

コツコツ良い子タイプ

言われたことをコツコツできるタイプです。ただ、中学受験の進度の速さは、このタイプのお子さんには早すぎて、理解できないまま授業が終わってしまうこともあります。何をしていたかわからなくても、それを伝えることがいけないとさえ思っているこのタイプは健気に頑張り、そして「何となくこんな感じかな？」で宿題をしてしまうことになるのです。

このタイプの問題点は「わからない！」をしっかり伝えられないこと。授業が開けているか、理解できているかを、ママがチェックしてあげましょう。

2 塾と学校での学習の違いは？

「宿題をしているのに、なんだか成績に繋がらない、宿題のやり方が悪いのかも？」そんなふうに感じているけど具体的にどう対処したら良いかわからないママはたくさんいます。

とにかく宿題はすぐに終わります！　だけど、ちっとも成績が上がらず、なんなら最近は下降気味。レベルの高い学校に行きたがる割に、さらっと形ばかりの宿題をやって終わりにするのが気になります。どんなに繰り返しアドバイスしても「宿題終わってるから遊んでいいでしょ」「塾で言われたことやったのにママうるさい！」と反発する息子はどうしたらいいでしょうか？

これは、お子さんが学校と塾の勉強の仕方を同じように考えていることが原因です。

実は学校教育と同じスタイルの勉強では、塾での成績は伸びにくいのです。学校教育は、先生の指示に従うことが大切という教育です。「漢字を10回書いてきなさい」と言われたら、1回で覚えることよりも10回書くことの方が評価されます。

それに対して塾では**宿題の回数を守ることより、できるようになることが大切。**1回で覚えられるなら1回で良し。覚えられないならば2、3回繰り返す必要があります。

さて、最初のご相談に戻りましょう。学校教育と塾の教育の違いをお子さんがわかっていないことで、すれ違いが起こっています。学校教育ではできるようになるために宿題をするという意識は芽生えにくいですから、「宿題はやったのにどうして？」とお子さんが思ってしまうのは仕方がないことですね。まずは、お子さんの宿題に対するとらえ方を聞き、その上で、学校と塾の違いを教えてあげましょう。

では個性タイプ別に、考え方の傾向を見ていきます。

ひらめき天才肌タイプ

学校と塾の学習の違いを肌で感じているタイプ。「めんどくさい」とは思いつつ、できるようになるまで解いた方が良いのだろうと薄々感じているので、成功する方法として塾の学習方法を伝えましょう。この時、大事なのが、**伝える人**。ママの言葉は軽んじられやすい傾向があるので、お子さんが尊敬している人、例えば塾の先生に伝えてもらうと行動しやすくなります。

しっかり者タイプ

しっかり者タイプは変なところで頑固。学校教育との切り替えがなかなかできず、**宿題は「言われた通りにする」ということが頭から抜けません。**ママとしては手こずるタイプかもしれませんね。部分的にできるようになるまでさせて、結果を出させましょう。結果を見て良いと納得すれば自ら学習習慣を変えてくれるタイプです。

コツコツ良い子タイプ

ママに対して素直で従順な良い子タイプ。ママが言えば追加の課題もやってくれます。ですが、基本的にみんなと同じ行動が好きなため、学校や塾での指示に従いたいと思っています。また、真面目すぎる部分があり、**飛ばして良い問題を飛ばせず**時間がなくなって宿題がまわせなくなるタイプです。ママがこまめにチェックして、最良の提案をしてあげましょう。

3 偏差値表に振り回されたくない その訳は？

せっかく受験するなら上位校まで行かなくても、ある程度まではと思っていましたが、頭が悪いのか真ん中にも届きません。両親共に悪くないのにどうして…と、つい口うるさくなりがちです。これまで私なりに勉強させてきましたが、何が悪いんでしょうか？　主人は上位校でないなら、公立にした方がいいと言います。

大抵のママは偏差値に振り回されたくないと思っています。ですが、**本当に気にならないママは少数派**。かかっている塾代や、塾の送迎や弁当の用意といった手間暇を考えたら、真ん中くらい（偏差値50）は目指したい。それが普通だと思います。その結果、「同じ授業を聞いて、どうしてみんなのようにできないの？」そんな気持ちがつい言葉に出てしまうのです。

ですが、塾によっても変わりますが、**難関レベルを目指すお子さんが集まる塾では、真ん中のレベルは一般にかなり高めです。**

中学受験は昔と比べて遥かに高度になり、しかも成績を上げるノウハウも整ってきています。そんな中で上に行こうと思っても、**お子さんの能力ややる気だけでどうにかなる領域を超えてしまっています。**偏差値表の上位校へ行くお子さんは私立小学校に在籍している子が多く、また、家庭教師がついていることもあります。お金、時間、人手も多くかかっている子たちと一緒に頑張っているお子さんの努力を正しく評価してあげたいですね。

ここではママのタイプ別に、陥りがちな偏差値振り回されパターンとその際のメンタルコントロール法を紹介します。

ひらめき天才肌タイプママ

できる、できないは別として、やるなら上位層を目指したい天才肌ママ。上昇志向が強く、偏差値表自体に左右されるというよりも、クラスや席次などが気になります。**成績が上がっても上がっても「さらに上を目指したい」タイプです。**ですが、常にクラスアップを期待されるとお子さんは疲れてしまいます。クラスの変化ではなく、やれるようになったことの素晴らしさ、我が子の能力の進化に注目しましょう。

しっかり者タイプママ

しっかり計画、実行して、着実に偏差値アップを目指したいタイプのママです。お子さんのペースで計画しているつもりが、点数や偏差値が気になってママのペースで進めがちです。また、**できたことは当たり前になり、次を目指すタイプなので「褒め」が少ないのも特徴。**3タイプの中でも偏差値表や成績表を一番見ています。

しっかり者タイプのママは成績ではなく、計画したことが実行できているかに集中しましょう。やるべきことを堅実に進めることに集中して、適切な目標とペースを保つことが大切です。

コツコツ良いタイプ人ママ

共感タイプのママはお子さんの気持ちに寄り添うのが上手。ゴリ押しせずお子さんを見て進むことができますがその反面、**人並みであってほしい気持ちが強く、みんながしていることは全てさせておかないとと思ってしまう盛り込みタイプ。**キャパオーバーにならないよう注意が必要です。偏差値で判断したくないと思っていますが、特別でなくても人並みではあってほしいので、成績の上下に一喜一憂しがちです。偏差値が気になり出したら、我が子が十分人並み以上に頑張っていることを思い出しましょう。

4 中学受験は平等じゃない

うちの子って周りの子と比べてダメなのかな…もっとできると思っていたのに、周りはみんなできる子ばっかり。うちの子この先この塾でやっていけるのかしら…。

入塾すると「えっ…周りはこんなみんなできる子ばかりなの？」と一気に不安を感じるママも多いのではないでしょうか。

私立小学校に通っている、早期教育で3、4歳から学習習慣がある、家庭教師がついている、習い事も一通り小さな頃に済ませている、実は産み月から考えているママもいるなど、受験への取り組みは様々。

ですから、「3年生スタートなら大丈夫！」と思っていると周りの優秀さに慌ててしまうことがあります。

ですが**大切なのは一人ひとり違って良いということ。**ママとお子さんが満足することが一番です。勉強以外に好きなことがあるというのは素敵なことですし、早期教育がなくても塾でやっていることを丁寧に進めていけば必ず追いつけますから、お子さんの興味があることも大切にしてあげてくださいね。

中学受験ほど、みんなの経験や環境が違う受験はないと思います。お母さんが焦ると、その負担は全てお子さんに来てしまいますから、気をつけてくださいね。

では、タイプ別に入塾後のお子さんとの向き合い方を紹介します。

●ひらめき天才肌タイプ

天才肌タイプはプライドも高め。**学校での授業の理解が早いので、塾でもリードできるくらいの気持ちでいます。**それなのに「わからない」「みんなよりもできない?」と感じると一気に自信を喪失してしまいます。プライドを保つためにも、入塾時は準備して、「わかる!」と、思えるようにしてあげましょう。

しっかり者タイプ

目標を目指すことは得意ですが、**過度の期待やプレッシャーは苦手。**「もっと上のクラスにいけるはず」「あなたは賢いから」など根拠のない期待をかけられることを嫌います。また、「できない」指摘も嫌い。自分が一番よくわかっています。どうしたら良くなる、解決できる。という提案に変えましょう。

コツコツ良い子タイプ

異なるタイプのママからすると「遅い！」と感じるタイプ。つい心配で早いうちからあれこれやらせたくなりますが、キャパオーバーになりやすいので細く長く続けることで学力をつけていきましょう。目立つパフォーマンスがないのでゆっくりに感じますが、実は頭の回転も早く良く考えています。**ノート作りに夢中になるなど、受験では時間をかけたくないところにこだわりがあるのも特徴です。**この子なりに頑張っているんだと暖かい目で見守ってあげましょう。

5 不安ばかりの中学受験。乗り切るためにはどうしたらいい？

中学受験を始めたばかりのママからこんなご相談が。

中学受験始めたのはいいけど、子どもは塾についていけてない様子。宿題もままならないのに、塾では大丈夫ですよとしか言ってもらえないんです。本当にこのままでいいのかわからず…勉強はどう見たらいいかわからないし、パパは任せたっていうし…何もかも不安です。

多くの場合、受験を提案するのも最終的に受験をするか決定するのも、ご両親になります。いつの時期から？　どの塾にする？　志望校はどうする？　早期教育を受けさせる？　など、細かなところは全てママが決めないといけないケースが多く、**ママの決断なしでは志望校に合格させてあげられません。**

習い事に通わせるような軽い気持ちでスタートすると、楽しく通っているように見えても授業の内容を全然覚えていない、宿題の習慣がついていない、テストで全然点数が取れていない…。そんな現実を目の当たりにして焦りはじめます。そのうちに、「いけそうな学校はどこ？」と、**軽い気持ちで始めた受験がストレスの原因に…**なんてことになりかねません。

実は、**不安になるポイントも個性によって違います。**ここからは、ママとお子さんのタイプの組み合わせごとに、どのような点に注意が必要か詳しく見ていきます。

ひらめき天才肌タイプママ

有名大手、トップ校への輩出、特色があるなど、塾の知名度を優先し、お子さんを見ずに決めるところがあります。良い環境さえ用意すればあとは子どもが頑張るでしょうと、成績以外の細かな管理はせず、自主性を重んじることは素晴らしいことですが、時には寄り添うことも必要です。

ひらめき天才肌タイプのお子さんとの組み合わせ：タイプは一致しているのでストレスフリーですが、お子さんも自由タイプのため、好き嫌い、得意不得意など勉強ムラが大きな問題になります。不得意な部分だけはママが管理するなどポイントは押さえましょう。

しっかり者タイプのお子さんとの組み合わせ：ママの苦手なスケジューリングが得意なため任せて安心です。ただ、堅実タイプなのでトップを目指したいといったような欲がありません。ママは理想を押しつけないようにしましょう。

コツコツ良い子タイプのお子さんとの組み合わせ：スピード感が理解できないくらい違うことや、一緒にいないと進まないことにイライラするかもしれません。ですが習得に時間がかかる分忘れにくいので、気長につきあってあげましょう。

しっかり者タイプママ

たくさん情報を集めて、しっかり考えるタイプ。放っておけず、スケジューリングや管理をきっちりします。**受験には適していますが、ママが先に先にと前進していくため、お子さんによってはついていけません。**お子さんの心が「ママちょっと待って！」「自分のペースでやらせて！」となっていないか、時々確認しましょう。

ひらめき天才肌タイプのお子さんとの組み合わせ：言うことが大きい割に行動が伴わないことや、勉強にムラがあることが気になって直したくなるかもしれません。ですが、このタイプのお子さんはある程度自由がないと良さも消えてしまいます。スケジュール通りにはならないと思っておく余裕が持てるといいですね。

しっかり者タイプのお子さんとの組み合わせ：お互い気持ちや思考がわかるのでやりやすいでしょう。ただ、こだわる部分がずれていると理解できず、衝突することがあります。そういった場合には意見をしっかり聞いてあげましょう。

コツコツ良い子タイプのお子さんとの組み合わせ：次々スケジュールをこなしたいママは急かしがち。早く自立して欲しいので、甘えんぼで一人で勉強できないお子さんにイライラします。お子さんは愛情が勉強エネルギーになるタイプですからペースを合わせてあげましょう。

コツコツ良い人タイプママ

子どものことを第一に、できる限りの事をやってあげようと頑張ります。**ただ、情報を集めすぎて決められなくなることも多々あります。**受験期は、勉強についていけないなどの状況に悩んでいるうちに時間ばかり過ぎてしまい、お子さんが自信をなくしてしまうこともあります。困ったと感じたらすぐに塾の先生などに相談しましょう。

ひらめき天才肌タイプのお子さんとの組み合わせ：理解できない感覚の持ち主に才能は感じつつ、手こずるかもしれません。「全てさせないと」と追いつめると、どんどん逃げていきますので、8割実行を目指し、自主性を尊重して進めましょう。

しっかり者タイプのお子さんとの組み合わせ：しっかり計画を立てるとコツコツ実行します。宿題の最中に細かく指摘すると、一気にヤル気がなくなるので勉強途中にいちいち声がけはせず、見守りましょう。

コツコツ良い子タイプのお子さんとの組み合わせ：お互い気持ちを察し合える関係です。ですが、やはりスピードが遅い、粘り強さが足りないと感じるかもしれません。一緒に進めるようにしましょう。

6 親の期待で未来が変わる

ご相談を受けていると、最後の方にこんな悩みをよく伺います。

親の欲だとわかっていますが、やはり恥ずかしくない学校に行って欲しい。せっかくこれだけ手をかけ、時間をかけ、大変な受験をするのだから有名な中学へ進学して、将来の有名大学への道を作って欲しい。

お子さんに期待がないママなんていませんよね。どのママも子どもに幸せになって欲しいと願い、そのためにしてあげられることの一つとして中学受験を選択されるのだと思います。受験をするのなら良い学校に進学してもらいたいという気持ちも、子どもの将来を思えば自然と抱いてしまうものでしょう。

もちろんお子さんも期待されると嬉しいもの。ほとんどのお子さんが、学校の成績が悪かった経験もなくスタートするので自信を持って塾へ通われます。ですが、宿題の多さや難しさ、興味の持てない科目など、想像以上にたくさんの障害が待ち受けています。小学校のように点数が取れない、クラスの子はもっと頭が良い、板書が早くてついていけない、みんなのように早く解けない、わからないまま授業がどんどん進んでいく、「わからないです」と言えない、そして、塾で習ってきたのだからできるものと思っているママがいる。

「授業を聞いてきたんでしょ？　どうしてこれくらいできないの？」**塾の授業でも心が折れるのに、家に帰ってきてもママからそんな言葉をかけられるのでは疲弊してしまいます。**

ママからすれば、受験なんだから厳しいのは当たり前だと思われますが、子どもからしてみれば初めての試練。期待に応えられる自信はなくなり、次第にただ言われるがまま塾に通うのが精一杯になってしまうでしょう。

たとえそこで期待に応えようと踏ん張る力のある子でも、長い受験期の間ずっと成績を上げ続けるのは難しく、段々と伸びにくくなる成績に向き合い続けることに疲れてしまう子も多いようです。

このような場合、ママの期待がかえって重荷となり、ますます自信を失わせしまいます。プレッシャーから解放してあげるだけでも伸び伸びと学べるように変わっていきますから意識してみてくださいね。

ひらめき天才肌タイプ

実は期待されたい気持ちが一番強いタイプ。そしてみんなの期待に応えたいタイプです。その分、期待に応えられないと折れやすく、自信は一気に無くなってしまいます。勉強において理解が早く才能を感じる天才肌タイプですので、ママも過剰な期待を持ちやすい傾向があります。才能は感じつつも大きく期待をかけすぎてないか、応援の言葉が逃げ道をふさぐものになっていないか時に振り返ってみましょう。

しっかり者タイプ

等身大の期待にして欲しいタイプです。過剰な期待を嫌い、むしろ信頼を好みます。根拠のない期待よりも、実力を信じて応援して欲しいと思っています。

ですから期待する根拠をママ自身が示せるようにしましょう。また、しっかり者タイプのお子さんは自分で目標を持ち自分に期待をかけるタイプ。信じて見守る方が成長します。いらないプレッシャーを感じたくないタイプなので期待を感じる言葉にも敏感。「言わないで！」と言葉が出たら控えましょう。

コツコツ良い子タイプ

ママから期待されたいけど、そのプレッシャーにとても弱いタイプです。期待＝愛情と心から信じるタイプで、そこにママの欲が少しあったとしても逃げることができません。期待に応えられないと自分を責めてしまいますので、期待よりも、愛情をいっぱいあげましょう。また、ママの本心も感じ取ってしまう敏感なお子さんです。ママ自身も自分のための期待になってないかを見つめ直してみましょう。

7 子どもにとって志望校ってどんな存在？

以前、小5のお子さんを持つママから、このような相談をいただきました。

志望校をどう決めたらいいのかわからないんです…私が決めるのも押しつけになってしまう気がするけど、子どもに決めさせるのも難しいです。どうしたらいい志望校の選択ができますか？

お子さんが自発的に学校を選んでくれるなら理想的だと考えるママは多いもの。ですが、志望校を目指して努力し続けるというのは簡単ではなく、その学校に行きたいという気持ちがその場限りであることも珍しくありません。

ですから志望校を決めるには、お子さんの個性を理解しておくことが大切です。**実**

は志望校へのモチベーションの保ち方もお子さんの個性によって違うのです。

もちろん、個性に合った志望校選びをしていても、偏差値が20、30と離れていては頑張れる気がしませんね。**お子さんのタイプに合った志望校選びをするとともに、現実的に手がとどくところから、希望を持って頑張れそうな学校まで幅広く見て、入学後の楽しい学校生活をイメージすることが大切です。**そうして本当に行きたい志望校を目指すために段階的に目標校を設定しておくと、お子さんも安心して進めます。

志望校のレベルがかけ離れていて、頑張ってもちっとも届かない現状にやる気をなくしていたお嬢さん。ママと一緒にパソコンに向かい、偏差値の低いところから高いところまで5校選び、それぞれに行きたい理由を書き出すなどして偏差値に並べて見たそうです。結果、「早速この学校なら目指せそう！」「制服が可愛いよね」と勉強を始めてくれました。**個性にあった選び方をすると本命の学校までの道のりがはっきりし行動しやすくなるんですね。**

では、タイプ別に志望校設定法を見ていきましょう。

ひらめき天才肌タイプ

天才肌タイプにとって志望校はすごい存在。「こんなところに行けたらすごいな～」と思う学校を選ぶ傾向があります。そのため**友達やママ、パパの「こんな学校に行けたら凄い」という言葉を聞いて志望校を決める傾向があります**。その学校を目指すのにどのような努力が必要かを考えずに決めますので、ママは高すぎる目標を真に受けず、客観的な見通しが必要です。「夢は大きく」ですが、現実的な志望校も必ず見ておきましょう。

しっかり者タイプ

志望校選びも割と冷静なタイプ。ですが、**設備や部活、制服など、学校の一部だけを見て決める傾向があります**。また、見る学校どれにも良さを感じて、決めかねる傾向があります。結局決められないと曖昧なまま進むことになり、その場合、勉強の意欲と結びつけることが難しくなります。学校選びはいくつかの候補を調べ、興味の持ったところを中心に見学して、具体的な行きたい理由を明確にしておくと、それを目標として目指していけます。

コツコツ良い子タイプ

何より、ママの願いを叶えたいタイプ。**ママが良いという学校が志望校となる傾向が一番強いです。**まだ幼い小学生、ママの存在は絶対的です。だからこそママに喜んでもらいたいと思っています。ママとしては本人の意思で決めてもらいたいところですが、お子さんに決めるように声がけしても、少しでも「ここに行ってくれたら」を表情や言葉から感じ取ると、ママの希望の学校を第1志望校にというような優しいお子さんです。あまりに負担になるような学校はママがよく考えて外すなど、配慮してあげたいですね。

また、親の希望を考える子なので「自分の意思で決めなさい！」「あなたが決めた志望校でしょ」は言わないであげましょう。

8 子どものタイプで見る、塾の選び方

初めて塾を選ぶ時は知識も経験もないので、暗中模索になってしまいがち。そんな塾選びに関してこんなご相談をいただきました。

塾ってとりあえず大手にしておいたらいいのかなと思ったんですが、ついていけなかったら意味ないですよね…でも、近所の塾では受験できなさそうだし…

どのママも一度は悩む塾選び。「進度の早い塾についていける？」「志望校選びの時困らない？」「大規模塾、小規模塾どちらが良い？」「自立型、寄り添い型、どっちが合っているの？」と、色々考え悩みますよね。

個性に合わせ、塾を見直したTさん。**大規模拠点校から小さな校舎に校舎替えした**

結果、クラス昇降のストレスからすっかり解放され、なくしていた自信を取り戻しました。そして積極的に先生に質問しに行けるようになり、わずか2ヶ月で偏差値が5アップし、勉強の様子もとても楽しく取り組むように変わったとのことです。

大切なのはお子さんに合った塾を選ぶこと。ここでは個性の面からそれぞれのタイプに適した塾の選び方を見ていきます。実際は環境などで理想の通りとはならないと思いますが、ぜひ塾選びでの参考にしていただけたらと思います。

●ひらめき天才肌タイプ

みんなが凄いという塾、憧れの塾に通えるだけで、賢くなったようで嬉しいタイプ。

ですが、プライドもあるので、塾のスタートもある程度上のクラスが良いタイプです。塾に入る前に十分準備をしておきましょう。また、有名な塾を好む一方で、自由度が高く、好きな科目をどんどん伸ばしてくれるような環境を好みます。自分の才能を褒め伸ばしてくれる個別指導塾も好む傾向がありますから、塾で躓いた単元が出た時、個別指導塾などで速やかに軌道修正をしてあげるといいですね。

しっかり者タイプ

通いやすい、信頼できる塾ならば特に有名進学塾でなくても気にしません。色々な塾を試してみるとしっかり自分の考えを元に決めていきます。

自分で決めたことに責任を持つタイプですので、本人の意思を尊重しましょう。自分と近いお友達とは良きライバルとなり成績も気にしますが、高い望みを抱くタイプではなく、クラスの昇降も割と目先のことのみ気にするタイプです。

コツコツ良い子タイプ

心優しい良い子タイプ。**自分よりもみんながどうか、ママがどうしたいかの方を優先します。**塾もママが良いというなら異存はありません。ただ友達がいる方が安心して通え、また先生の人柄で好き嫌いが出る傾向があります。

塾の進度の速さは少し苦手。受験をすると決めているならば、少し早めに準備した方がお子さんの負担もママの焦りも少ないでしょう。真面目なこのタイプはクラスの昇降による心の負荷が大きく、クラス数が多く昇降差の大きい拠点校はあまり向きません。成績に大きなブレが出ないようにサポートし、メンタルを支えてあげましょう。

9 クラスの昇降に左右されるのはママの方

クラスの昇降をキッカケに親子仲も成績も悪くなってしまうことがあります。

5年生になってから、たった1クラスでも落ちると上げるのが大変という経験をして、それからはクラスが落ちないようにと口《くち》うるさく言い続けてました。半年前から、反発するようになり、クラスの話をするのを嫌がるようになってきて…その頃から成績がどんどん下り、下の方のクラスに。今は親子仲も険悪で、自信をつけてもらおうにも声がかけづらい状況です。私がクラスを気にしすぎたせいでしょうか。

ママも気になるクラスの昇降。「昇降がないほうが、ストレスがなくて安心?」「昇降があった方が刺激になって上を目指して頑張れそう?」悩みますね。

ですが、昇降に影響されるのはお子さんだけではありません。塾に入ってみて昇降に振り回されてしまうママも多くいらっしゃいます。成績の上下を意識されられてしまい、当初思ってなかったほど、気にしてしまってはいませんか？

原因の一つは、クラスによる先生の指導力の違いです。これに加え、一度クラスが落ちると上がることが難しいため、思うようにクラスが上がらず落ちてしまったりした際にママは焦ってしまいがちです。どの塾も上位のクラスは看板になるような実績をお持ちの素晴らしい先生が多く、それがわかっていると、お子さんにその授業を受けさせてあげたいと思いますよね。

実際はお子さん以上に焦るのはママだったりするんです。ですので、危機感を感じていないお子さんにイライラしてしまうこともあると思います。クラスがなかなか上がらなかったり、クラスが落ちたりするとママの言葉がけも厳しくなりがちです。だからといって、それまで以上に厳しく指摘することがプラスに働くとは限りません。

ママにクラスのことを指摘されるストレスから口もきかなくなっていた息子さん。

その後一切クラスのことを口にせず、小テストを見てもさらっと褒めるだけにしていた結果、3ヶ月後にはお子さんから授業の話やテストの報告があり、今日は先生に褒めらたと嬉しそうに話してくれたそうです。現在はテストの直しにも積極的に取り組んでくれているとおっしゃっていました。

では、お子さんのタイプ別にクラス昇降との向き合い方をみていきましょう。

●ひらめき天才肌タイプ

上昇志向の強く、そしてみんなから凄いと思われたいタイプです。当然できることなら1番上のクラスにいたいと思っています。ですが、「そのために嫌いなこともしなくていけないなんて思っていなかった！」というのが本音。昇降は気になるところですができれば「得意分野はクラスで1番」。そのくらいのところから目指していきましょう！

高学年で昇降が激しい塾などでは、時に心がポキリと折れてしまう事もあります。上昇志向の強い子だけに達成できない時の悔しさはひとしお。ママがプレッシャーをかけすぎないようにしましょう。

しっかり者タイプ

上昇志向がない訳ではありませんが、無理に上位を夢見るより、着実な前進を目指し、一歩ずつ上がることを楽しみにするタイプです。1クラス上を目指すくらいの意識はありますが、プレッシャーは好まず、**ママからクラスの話をされることも好きではありません。**それは自分自身が言われなくてもよくわかっているから。自分で決めて自分で実現したいタイプですので尊重してあげましょう。

コツコツ良い子タイプ

一番昇降の影響を受けやすいタイプです。昇降差の激しい大手塾はあまり向きません。何より、クラス昇降によるママの反応を気にしています。クラスが上がって喜んでくれるママの姿に喜びを感じますが、クラスが落ちた時の、ママのがっかりする表情、言葉が何より突き刺さり、思っている以上に傷ついてしまいます。褒めてもらいたくて頑張りますが、疲れ果ててしまう子も少なくありません。また、励ましもすぎるとプレッシャーになりますので、腹痛、頭痛を訴えるようならばママ自身の反応を振り返ってみましょう。

10 塾についていけない時、どうする？

塾についていけない…。塾と学校の勉強の違いに入塾時から苦労する子もいれば、低学年の頃はついていけていたのに学年が上がるにつれて宿題をするのがやっとで、だんだんと勉強嫌いになってしまう子もいます。

我が家の長女は受験のスタートが5年の秋…ついていけないどころの騒ぎではない状態でした。入塾当初は、泣きながら勉強する日々が続いていました。宿題をなんとかやってもテストで点数が取れない。すっかり自信をなくしてしまった様子に、本当に悩みました。**授業がわかり、問題が解け、成績が上がらなければ解決しないと実感した記憶があります。**

何に困っているのか、お子さんも自身わからないようなら、もちろん寄り添ってあげたいですね。今の気持ちを傾聴してあげましょう。そして、それと同時に勉強の仕方の問題点を解決することが重要です。根本的な問題を解決しないことには、楽しく成績の上がる受験に変わってきませんね。

こういった時は早めに塾の先生の相談するのが一番！　そんなの当たり前だと思われるかもしれませんが、実は多くのママが「自分の子ができないから…宿題もやらないから」と相談せず、ただ困っていることが多いのです。

また、高学年になってから成績が下がってきた際、それまで順調だったお子さんほど今までのやり方を変えてくれず困るということがあります。このまま相談しないでいると本当についていけなくなり、立て直すためにたくさんの時間を要します。相談しなかった結果、志望校を下げざるを得ないなどということにならないよう、困ったら早めに相談しましょう。

では、お子さんのタイプ別に相談のタイミングを見ていきます。

ひらめき天才肌タイプ

学校では1聞けば10理解できるくらい理解の早いお子さんです。好きなことには夢中になり、その姿はまさに天才。低学年では得意科目は成績優秀となるお子さんも多いはず。**ですが、科目ごとの好き嫌いも強く、1聞けば10わかったつもりで解き始めてしまうため、早とちりも多く、ミスも多いタイプです。**

わかったつもりになっていないか確認する習慣をつけ、違和感があれば早めに相談しましょう。

●しっかり者タイプ

普段の受け答えにも学校での様子にも、しっかり自立を感じるお子さん。塾のこともお子さんが主導で進めるケースが多いようです。「管理はママよね」と思っていても、「口出しされるのがイヤ!」など、仕方なくお任せになるケースもあります。ですが、やはりまだ小学生。**お任せにしていると本人はちゃんとしているつもりが手抜きになっていることも。**また、こだわりが強く頑固なところがあります。こだわって進まず時間ばかりとってしまうなど、ママが言っても直らない時には先生に頼んでしまいましょう。

コツコツ良い子タイプ

真面目にコツコツタイプ、素直なお子さんはママもサポートしやすいですが、マイペースでゆっくりな様子にママはイライラ。終わるかしら？　とつい「早くして！」「まだなの？」「もっと要領よくできないの？」と言葉が出てしまいがちです。丁寧な字は良いけれど時間がかかりすぎ、ノート作りは良いけれど時間がかかりすぎ、とじれったく感じるママも多いかもしれません。不安になるとママも叱ることが増えますが、叱られることでますます遅くなり、気持ちが勉強に向かなくなります。叱る回数が増えていると思ったら、早めに相談するようにしましょう。

叱らず励まして育てることが望まれるタイプです。愛情を感じると行動が前向きになるため、たくさん褒めてあげましょう。

11

タイプ別　どんどん負荷をかけてしまうママの傾向

娘は頑張り屋で23時をすぎても頑張ってくれ、成績も上位のクラスにいます。なのに、少しでも遊んでいる様子を見ると「もっとやればトップクラスになれるのに！」と言ってしまい、とにかく勉強していないと気が済まないんです。頑張っていると認め、休ませてあげたい気持ちもあるのですが…。

最初の頃は、塾の勉強に不慣れなお子さんのためにママがある程度管理をしてきたのだと思います。だんだん順調にこなせるようになってきて、このまま調子よくさらに上がってくれたらと思ってしまうのも、成長を願う親心かもしれません。

一方で、お子さんが自発的には頑張ってはくれないという場合、結局叱ってやらせる日々が続いているご家庭も少なくないと思います。

そう。多くの方が、**余裕があってもなくてもそのままにはできず、もっと一生懸命にやらせようとしてしまうんですね。**これが長期化すると反発を招いてしまったり、勉強嫌いや自信喪失、個性を潰してしまうなどの原因となったりしてしまいます。

ではママのタイプ別に、どんな負荷をかけてしまいがちか、見ておきましょう。

ひらめき天才肌タイプママ

受験するなら上位、名の知れた学校をイメージする天才肌タイプママ。

お子さんに求めるレベルは高めです。**それは自分なら有名な学校に行きたいし、上を目指して頑張るタイプだから。**お子さんも同じだと思っています。

ですが、そうとは限りません。お子さんに上を目指して頑張る意識がないとそこがまたもどかしく、声がけも叱咤激励になるタイプです。「これくらい言っても平気でしょ」と思いがちですので、もしかしたら厳しくなり過ぎているかもしれないという意識を持つようにしておきましょう。

しっかり者タイプママ

目標を持ってしっかり進んで欲しいママはいたって現実的。**極端な無理は望みませ**

んが、少し負荷がかかるくらいの状況が成績アップには必要だと思っており、少しでも前進したいタイプです。そのため、**「成績は上がるのが当たり前」と考え、褒めが少ないのもしっかり者ママの特徴です。**褒めが少ないことで、お子さんは自信をなくしてしまいます。ご自身では褒めが少ないことに気づいていないこともあり、意識しないと変えられませんから、「頑張ったね」「凄いじゃない」くらいでさらりと終わりにしているママは、当たり前にできたところも意識して褒めるようにしましょう。

●コツコツ良い人タイプママ

みんなに遅れをとって欲しくないママ。完璧にこなすことを目指してしまいがちで、課題の量が増えすぎてしまいます。また、**残った課題があると翌日もそこからスタートするママが多いのも特徴です。**先に進めないということは思っている以上にお子さんの負担になりますから、お子さんの勉強体力に合わせて削ることも大切です。

また、良いと言われることを増やしてしまう原因として、情報過多があります。心配性なママだけに情報が多すぎると振り回されやすくなるため、情報源を絞り、1番の相談者を塾の先生と決めておくなど、ブレることのないようにしましょう。

12 家庭教師・個別指導は賢く使おう

４年生からすでに成績が伸びず不安ですが「家庭教師や個別指導なんてとんでもない！　そんなバカなら受験しなくて良い！」とパパから言われており、今は私が褒めたり叱ったりしながら教えています。ただ、息子もすでに言うことを聞かなくなってきていて不安です。

塾だけで順調に行ければそれが一番。わからないところが塾で質問できれば、十分に定着させることが可能です。我が家も、長女が5年生11月入塾で桜蔭に合格できたのは、先生に質問できたからです。

一方で、**次女や三女の受験の際、習い事の大会の時やスランプの時期は、理解不足を補い宿題もサクサク進められるよう個別指導や家庭教師をうまく活用しました。**このおかげで、子どもの負担を減らすことができ、結果的に成績を上げることができました。

よくご相談頂くのですが、授業に集中できていない、全く授業が理解できずついていけていない…など、最初から不安がある状態では、待っていてもどんどん悪くなるだけです。叱って頑張らせても、それが長く続くと険悪になることも多いですね。

このような場合、プロに1対1で内容を確認しながら進めてもらったり、勉強の仕方も併せて教えてもらったりすることで、塾でもついていけるようになっていきます。苦手な単元などの時も同様です。**理解が追いつかないようなら、家庭教師を利用してでも早々に解決した方が大きな躓きにならずに済みます。**

ママやパパのサポートとお子さんの努力でなんとか解決できるのかどうかを見極めたら、比較的利用しやすい個別指導は短期の利用もおすすめです。また、中学受験が全てではありませんから、塾や家庭教師をつけるのは、大学受験の時にするという選択肢もあります。どの時点で投資するかということも含めてしっかり話し合っておくことが大切です。

ではどんな時にどんな家庭教師が必要で、どう利用するべきかを、タイプ別に見ていきましょう。

ひらめき天才肌タイプ

好き嫌いが激しいお子さんは、苦手科目に興味を持たないなど、手を焼くことが多いです。一方、得意なことはどんどん自分で進めて行きたがるため、管理しきれない時には個別の方が合います。お子さんにアドバイスをしたいママですが、**先生の言うことは聞いてくれても、ママの言うことはなかなか聞いてくれません。**将来志望校に届かなくなりそうなら、プロの活用も有効です。厳しい先生より、色々なウンチクも教えてくれて学びが楽しくなる先生が好きです。

しっかり者タイプ

その通りにしっかり者。やるべきことが決まっていると自ら勉強を進めることができます。スタートが遅いとしたら、授業がよく理解できなくて自信がない、終わる時間の目安がなく勉強がずっと続くように感じられてスタートが切れないなど明確な原因があります。自宅学習でもこだわりが強く頑固者で、修正が難しいのでママを困らせます。**こだわりが強すぎて授業の理解に困っているようなら、こだわっている謎を**

解明してくれてサクサク進ませてくれるプロの活用も有効です。

とにかく明快に解答に導いてくれる先生が好きです。

●コツコツ良い子タイプ

コツコツマイペースに進みたいタイプには塾の進度は早め。一気に詰め込むことができないので日頃からコツコツ勉強を進めて行きたいお子さんです。理解は悪くありませんが、習得には時間がかかる傾向があり、普段の宿題が手一杯だとテスト勉強まで至りません。**できない単元の主張がないため気づいた時にはすでに大きな穴になってることもあります。**お子さんの理解度を確認してくれる人が必要です。優しく、たくさん声をかけてくれ、気持ちを理解してくれる先生が好きです。

叱る先生には萎縮してしまうため、「できない」「わからない」が言えなくなり、家庭教師をつけているのに成果が出にくくなるので注意してくださいね。

第2章

受験で心身を壊さないために

13 反抗期でもバトルにならない受け止め方

お子さんがようやく塾に慣れてきたと思ったら反抗期に入ってしまった…ついこの先日、こんなご相談をいただきました。

5年生後半頃から反抗的になり、塾に行きたがらなくて困っています。機嫌が良くなるよう声がけはしていますが、それでも自室にこもってしまい、結局いつも叱って塾に連れて行っています。ここまでそれなりに頑張ってきたのに、もう受験を諦めないといけないのでしょうか?

やる気がない、すぐにイラつく、わがまま放題。そんなお子さんの態度に疲れ切っていませんか? 受験に対する姿勢を巡ってのお子さんとの衝突は、想像以上にママを疲弊させてしまいます。パパも含め周りの人からすると、無理をさせた結果であるとしか思われず、心無い言葉をかけられることもあるかと思います。一体ママはどうしたら良いのでしょうか？

反抗期だけなら周りに相談できますが、受験が重なると、受験をさせたことで反抗期を招いたと取られやすいのが現実。相談しにくいところですが、今は受験ママのお茶会なども多いので、悩みを出してスッキリする場も持って欲しいと思います。

さて、本題の反抗期とのつきあい方ですが、反抗期は必ず抜けてくるもの。**この時期のダメージをどれだけ減らせるかが勝負です。無理にやらせようとするのではなく、抜けた後にもう一度リスタートできるようにするのが目標になります。**そのためにも、お子さんの個性に合わせた声がけをしつつ、先生にも協力いただき、勉強計画を再検討しましょう。

先のご相談のお子さん。すっかり自信をなくしているようだったので、しばらくママの声がけを控え、少しでも行動できた時には肯定するようにしていただきました。また、塾では先生に褒めてくださるよう協力をお願いしたところ、ママの意見を素直に聞いてくれるようになり、さらには質問にいくようにまでなったそうです。

ではタイプ別に、反抗期でも成績を維持できるコントロール法を見ていきましょう。

●ひらめき天才肌タイプ

外では優等生の天才肌タイプ。学校や塾での姿を保つために無理をしています。そのため家ではちょっとわがまま。塾で成績を保っているうちは、家の中だけの反抗で済みますが、成績が下がりだすと急に全てに自信がなくなります。きょうだいがいると下の子に八つ当たりをしたり、マウンティング行動に出たりします。いじめなど、ストレス発散行動にもつながりかねません。**反抗期は少し緩めてあげましょう。**もともと賢いお子さんが多いこのタイプ、遅れを取り戻す機会はいくらでもあります。

●しっかり者タイプ

受験でもしっかりしていて勉強もある程度お任せできるこのタイプ。反抗期は自分に苛立つ傾向があります。思い通りにできない悔しさから自分にイライラし、時に八つ当たりすることもあるかもしれません。物への八つ当たりも多いタイプです。物が1つや2つ壊れるのは良しとしましょう。自分への苛立ちが主なので、基本的に放っておけば落ちつきます。

ストレスを発散すれば、勉強も始められるタイプですから、下手に生声をかけず落ち着くのを待ちましょう。我が家も次女は5年後半から反抗期に入り、問題が解けないと教材を投げる、鉛筆でぐちゃぐちゃに書く、鉛筆、消しゴムは投げ飛ばすということがありました。そんな行動も淡々と拾って元に戻していると、いつの間にか落ち着いて勉強を始めていました。ママが落ち着き対処することで勉強の遅れにつながらずにすみますので、一緒にイライラすることの無いようにしたいですね。

コツコツ良い子タイプ

小さな反抗はするものの、多くはママに負けて、拗ねる、いじけるなど、内にこもるタイプの反抗期です。文句を言いたいはずなのに言えないため、いつまでも拗ねることになります。ただママが優しく接すれば、翌日には気分を変え、普通の状態に戻ります。本人は反抗している気がないことが多く、気が乗らないだけ、返事したくないだけです。ですが、ママから見ればいうことをきかない状況に、反抗しているように感じ、注意する、叱ることになります。それにより、さらに拗ねる、いじけるなどエスカレートしてしまいます。

この時期は態度や行動を責めるより、待つことが大切です。問題に躓いている時はママがついていてあげる。もしくは個別、家庭教師など無理なく進めてくれる環境で反抗期を乗り切るのも良いかと思います。こじらせないことが肝要です。

14 厳しすぎるパパがお子さんを潰してしまう!?

家庭教師を検討する前にパパに教えてもらうこと、よくありますよね？　でも、お子さんがパパの指導に耐えきれなくなってしまうことが多いようです。

パパが算数を見てくれるようになったのはいいんですが、できるようになるまで終わってくれなくて…息子はパパの指導でヘロヘロになっちゃって次の日疲れ切ってしまっているんです。かえって塾での集中力が下がってしまって…。

パパが教えだすと、仕事モードで「鬼上司」になりがちです。昔のパパのように叱りつけはせず、比較的優しく教えてくれるものの、できるようになるまで終えない傾向があり、お子さんはうんざりしてしまいます。パパは子どもにも大人と同様の成長を求めてしまいがちですが、**まず、相手が子どもであることを理解してもらいましょう。**何よりも大切なのはお子さんの健康です。

また、指導面ではお子さんの個性を理解してもらうことが肝です。とはいえ、仕事で普段家にいないパパにお子さんの個性を理解してもらうのは至難の技。その上、パパにもプライドがあるため、やり方に口を出されるのを嫌がります。ではどうすればよいのでしょうか。以前にパパのことでご相談いただいたＹさんからはこんなご報告をいただきました。

相談後、睡眠がとれていない時ととれている時の授業ノートやテストをパパに比較してもらいました。明らかな違いに私もパパも、改めてまだ無理できない年齢だと認識でき、今は無理せず勉強できる方法を相談しながら進めています。

在宅勤務で増えてきたパパの指導。ここではパパを名指導者に大変身させ、個性別の操縦術を見てみましょう。

ひらめき天才肌タイプパパ

未来を考え高い能力を育んでおきたいパパ。自由にさせてくれるパパと厳しいパパに分かれます。**厳しいパパは先程の「鬼上司」のようになるのが特徴です。**お子さんも才能豊かなパパに憧れて頑張ろうとしますが、長続きしません。大きな不調となる前に改善したいところです。ただ、ママがどんなに意見を言っても聞き入れないことも多いので、パパにとって影響力のある方に伝えてもらうのが良いでしょう。

しっかり者タイプパパ

ダラダラ仕事をすること自体、能力がないことの象徴だと思っているので、寝る時間を考え指導しようとしてくれますが、きりが良いところまでやめられないところがあり、寝る時間を過ぎる傾向があります。**そして指導が厳しめです。**怒っているつもりはありませんが、ダメ出しが多く、無駄なく指導するのでお子さんにとっては少し怖いでしょう。

寝る時間については、遅く寝ることで学校や塾で効率が悪くなっている状況など相談すれば、意見を取り入れ対応を変えてくれるタイプです。

コツコツ良い人タイプパパ

今の中学受験のあり方より、自分の経験を重視します。指導はパパの経験により変わりますが、良い人タイプですので、優しく教える方が多いです。お子さんにとことんつきあい、急がせるよりじっくり教えてくれますが時間感覚があまりなく、勉強時間は長くなる傾向があります。子どもが飽きてしまうことも多く、飽きたお子さんにも教えられる根気強さはNo１ですが、一週間全体の体力やバランスを考えない傾向があります。一週間の体調を考え、ママが途中で時間を知らせてあげると良いでしょう。

15
勉強ができればそれでいい？礼儀正しい子は得るものが多い！

誰でも明るく挨拶されたら、印象が良いですよね。ですが、受験で勉強ばかりになったことでこんなお悩みが増えてきています。

受験で手をかけ過ぎたせいか、やってもらって当たり前。私だけでなく、きょうだいに対しても横柄で「ありがとう」も言えません。外でも挨拶やお礼が言えていないようで注意してますが、これで私立中学に行って大丈夫か心配です。受験期は仕方のないことでしょうか？

ママとしては私立の校風にふさわしく、礼節もわきまえていてほしいもの。ですが塾が忙しく、ただでさえ勉強面で叱っている状態では礼儀のことまで手が回りませんね。中学受験を目指すなら、礼儀については低学年のうちに身につけておきましょう。

とりわけ上位校は私立小学校からの進学率が高く、小学校受験の段階で礼儀をしっかり身につけているお子さんがほとんどです。私立小学校からのお子さんでなくとも、中学受験をされるご家庭は礼節や生活面においてもしっかり指導されていると思っておいたほうが良いでしょう。すでに遅れてしまった!?　と思われる方もいらっしゃるかもしれませんが対応を変えるだけでも徐々に行動を変えていけますので、意識的に対応してみましょう。

中学に進学してから、お子さんの世界はもっともっと広がっていきます。今後、多くの人に出会い、影響を受け、成長していく中で、人の話を聞けなかったり、挨拶ができなかったりするようでは得られるものが少なくなってしまいますよね。基本的なことですが、しっかりと身につけておけば将来的に得られるものが格段に増えます。**ハキハキ挨拶ができると先生も声がけしやすく、質問などの受け答えの良い子は先生もさらに伸ばしてあげたくなります。**先生も人ですから、教えたくなる子が記憶に残っているし、色々面倒見てあげたくなるものですよね。

とはいえ、子供のうちは礼節の重要性をロジックで理解するのが難しいもの。個性に合わせて礼節って大事なんだという意識を芽生えさせてあげることが大事です。

勉強だけでなく、態度や言葉遣いに口うるさくなってしまいがちだった4年生女の子ママ。反発的な態度になってきたことを心配され、ご相談いただきました。ママやパパから挨拶をしてもらったり、「ありがとう」を意識的に言ってもらったところ、お子さんのから「おはよう」「ありがとう」が素直に出るようになり、勉強でも意見がしっかり言えるようになったそうです。

では、誰からも応援される子になれる礼儀力アップ術をみていきましょう!

ひらめき天才肌タイプ

家での様子と違い、学校や塾、先生の前では優等生です。**プライドが高く、優秀と思われることを意識して行動しますので、礼儀もしっかりしています。**ただし、それも大人が模範を示しての話。基本的に状況を見て模範的な行動が取れますが、外でとるべき態度はママがきちっと教えてあげた方が、使い分けに悩まずに済みます。

外で頑張る分、家ではだらけた態度になりますが、大目に見てあげましょう。

しっかり者タイプ

礼儀礼節に正義が必要なタイプです。基本的にはママや学校で習った通りにしますが、家と外で大きく変わらないタイプですので、挨拶をしないご家庭だと、外でも挨拶をしないなど家での様子が外で出てしまいます。外でだけやりなさい、には納得できないし、とっさに行動できません。また、**気まぐれにやってはお子さんが混乱し、不信感を抱いてしまいます。**家庭全体で日頃から実行していきましょう。

コツコツ良い子タイプ

ママが大好きなこのタイプのお子さんは小さな頃から全てがママの真似。**良いところも悪いところも真似てしまいます。**ママすることは正しいと思っていますので、模範となって見せてあげれば、礼儀もしっかり身につきます。ただし、少しシャイなところがあり、初めてのことや初めての人に慣れてくるまで少し時間がかかります。慣れれば自分を出すことができ、どんどん世界も広げていけますから、心配しすぎず見守ってあげてくださいね。

16 姿勢や体力、身長って一生モノ

長時間勉強する子供達。特に6年生の夏などは朝から晩まで勉強です。そうなると当然運動する時間が減り、体力、筋力が落ちてきます。また、**長時間勉強を続けていると、姿勢も血行も悪くなりやすいと言われています。**

もともと運動習慣のある子は隙間時間にランニングしたりストレッチをしたりと体を動かしたくなりますが、そういった習慣がなければ好きな時間くらいのんびりしたいと思いますよね。できれば低学年のうちに運動習慣をつけておきたいもの。運動習慣がないお子さんには、ママが積極的に声がけしてあげましょう。

我が家も運動は週1のテニスくらいでしたので、どんどん体力が落ちているのがわかりました。塾で長時間座っているだけでも体力を使うものですが、ずっと同じ姿勢では血行が悪くなり、脳に十分な酸素が供給されなくなります。ご家庭でも休憩時間には伸びや深呼吸をする習慣を身につけたいですね。

また、**成長期に体を動かさない中学受験生は、小学生にもかかわらず冷え性や低体温となることがあるので要注意です。**前章でお話しした睡眠不足も重なり、さらに食事も不規則、間食も多いとなれば、どれほどの影響があるでしょうか。お子さんの健康を守るべく、適度に運動を取り入れてあげてくださいね。


運動習慣も3つのタイプに合わせ上手く取り入れると、勉強のメリハリができる、集中力が上がるなど勉強の効果も上がります。

それでは、タイプ別に運動の傾向を見てみましょう。

ひらめき天才肌タイプ

発想力豊かなお子さんは体を動かした方がひらめきや発想が湧いてきます。好きなことには長時間集中するこのタイプは、一回集中が切れるとそのままゆるんでしまいます。次の科目の前に軽く走ってくるなど体を動かし、酸素が頭に巡らせてあげるとまたしっかり集中して勉強もはかどります。

しっかり者タイプ

割と型にはまりやすいしっかり者タイプは、考えもこだわりから抜けられない面があります。**勉強の合間のストレッチを習慣にすることで、頭もリフレッシュ**。勉強と勉強の間の区切りもはっきりして、それぞれの勉強に集中できるようになります。

習慣化すると大きくなるまでずっと続けてくれますので、受験をするなら最初手間がかかっても取り入れていきたいですね。

コツコツ良い子タイプ

ダラダラ勉強しがちな良い子タイプは、休憩も比較的体を動かさない読書や空想、ゲームなど、勉強との区切りにならないものが多いようです。勉強のメリハリをつけるために軽い運動を取り入れるのが効果的です。何よりも親の愛情で疲れが飛ぶタイプの良い子タイプは**親とコミュニケーションできるものを休憩でやってあげることが大事**。親子体操などはスキンシップやコミュニケーションが取れるのでお勧めです。

17 コミュニケーション力を忘れていませんか？

中学受験を考えるママは、習い事に関しても熱心な方が多いです。まだ年長さんなのに毎日のように習い事があるというお子さんがいるくらいで、こんな悩みが。

3年生から進学塾に通わせる前に習い事をさせたくて、年長さんの頃から英語と体操、小学校に入ってからは週5日習い事と学習塾に通っています。どれも楽しんでいますが、友達の遊びのお誘いを断ることが多く、とても悲しがります。受験を考えると今のうちにある程度までできるようにしたいという気持ちもあり、悩みながらも減らすことができないでいます。この先影響があるでしょうか？

早期に中学受験をすると決めた場合、より低年齢から習い事をスタートする傾向があります。受験が本格的に始まるまでに英検をとっておきたいなど、塾に通い始める前からフル稼働のお子さんも少なくありません。

一方で、周りのご家庭のその過熱ぶりに不安を感じるママもいます。習い事や塾に行く子が増えていき、お子さんが少数派になってしまうことが心配。うちの子も何かさせたほうがいいのかしらと、増えていく習い事。こうして小さな頃からスケジュールがいっぱいになると、やはりコミュニケーションをとる機会は減ってしまいます。

これから先、中学、高校、大学と進学して、留学することもあるかもしれません。社会に出ればコミュニケーション力はさらに必要とされますが、コミュニケーション力は実は中学受験でも大切なんです。

友人関係が苦手だと国語の物語文も苦手になりがち。先生との関係でも、質問でわからない部分をきちんと言語化できると、適切なアドバイスを得やすくなります。

このコミュニケーション力、個性によって習得の仕方は様々。人から見られている意識が高い個性の子と内向きの個性の子だと、コミュニケーション力を習得する際の課題も異なります。それでは、コミュニケーション力をあげる方法を見てみましょう。

ひらめき天才肌タイプ

コミュニケーション力の高いタイプですが、ちょっぴり自己中心的。小さな頃から人を惹きつける魅力を持つため周りが合わせてくれますが、国語で物語を読んでも気持ちを汲み取るのが苦手です。**相手の気持ちを察することができるようになるためにしっかりと気持ちを聞いてあげるようにしましょう。**また受験期間も友達と遊びに行きたい！　という子が多い傾向があります。リフレッシュすると勉強も集中できますので機会を作ってあげましょう。自由に遊ぶことで、発想力やひらめき、思考力がどんどん上がります。時間の枠を設けることなく遊べる機会を作ってあげてくださいね。

しっかり者タイプ

自己解決で頑張ろうとするタイプなので、**ママの意見を聞いたり、先生に質問したりしようとしないところがあります。**意見や考えを聞いてあげ、それに対してコメントをしたり、深掘りするような質問をしてあげるとコミュニケーション力を高められ、素直に意見を取り入れられたり、訊ねたりすることができるようになります。こだわりが強いことで時間をとっていたお子さんも、サクサク勉強が進むようになりますのでぜひ、コミュニケーション力を高めたいですね。

コツコツ良い子タイプ

おしゃべり大好き、お友達大好き、人の和を大切にする心優しいお子さんです。友達と遊べないとエネルギーが枯渇してしまうタイプ。塾も友達がいる方が続くタイプなのに積極的にコミュニケーションを取れないところがあります。**普段から考えを引き出してあげるような声がけをするとコミュニケーション力も上がります。**

さらに相手の気持ちを考える行動や、思いやり、人の役に立ちたい気持ちを引き出すような会話をすることで、社会性や人間性が上がります。人の輪を保てる資質はどこに行っても必要とされます。ぜひ磨いてあげましょう。

18 中学受験で真に自立する子へ

5、6年生のママから多くいただくご相談に、自立に関する悩みがあります。

もう5年生だというのに朝起きるのはギリギリ、勉強どころか学校の準備まで手伝う始末です。もっと自主的に勉強してほしいくらいなのに、低学年の時よりも手がかかっている気がします。受験生としての自覚はいつになったら芽生えるのでしょうか。

中学受験期には、これまで自分でしていた身の回りのこともママがするようになると言われています。これも中学受験の特殊さゆえでしょうか。学年が上がるにつれて、学校と塾の両立や宿題、テスト勉強で時間が足りなくなってきます。
ご家庭によっては塾の準備に始まって学校の宿題まで手伝うようになることもある

そう。そのような背景があってか、**中学に進学すると学校の方からお家で手伝いをしましょう、自分のことは自分でさせてください、と言われることが多いようです。**中学に入ってさらに科目が増え、提出物も増えます。中間、期末テストに向けて自分で計画を立てて勉強することができるでしょうか？　せっかく合格したのに、入学してから授業についていけなくなる子もいるのです。

我が家も長女、次女はそれなりに自立させながら受験期も望んだつもりでしたが、中学での科目の多さ、提出課題の多さに、中間、期末テストに慣れるのに半年ほどかかりました。３女は末っ子で甘やかし手をかけたこともあり、管理や整理ができずバタバタ。本当に手をかけすぎるとこうなるのか…と痛感しました。**手をかけすぎると、自立する機会が失われてその後も手をかけなくてはいけなくなります。**合格した先を考え、お子さんの自立を意識しましょう。

自立心が強いのに偏りがあるタイプ、自立心はあるけれど人の意見を全く聞き入れないタイプ、ママのような信頼できる人に任せておけるなら頼っていたいタイプと個性によって自立に必要な力は様々。だからこそ、声がけや対応を変えてあげることで、自分の意見をちゃんと伝えるだけでなく、ママの意見にも耳を傾けられる、偏りのない自立に繋がっていきます。

塾の準備から管理までほとんどしていた5年生ママ。素直に行動してくれる様子に安心していました。ですが、「何すれば良い？」と全て聞いてくるようになり、自立性では不安を感じるように…。お子さんのタイプから、得意科目はすべて任せるように変えていただいたところ、「こう勉強したい」「小テストはパーフェクトにしたい」など意欲的な言葉が次々出るようになり、成績までアップしました。

それではタイプ別に個性の持つ自立傾向をみていきましょう。

ひらめき天才肌タイプ

もともと自立心旺盛、自分で考え動きたいタイプで、思い通りにならず苦戦しているママが多いです。ですが、ママが完璧に管理するとそれはそれで全て任せてしまう子もいます。**それなりに勉強管理の仕方が身についてないと好きなことだけを適当にすることになりやすいので、**中学受験でも自分で考え行動する部分を尊重しながら、勉強管理を身につけさせましょう。

しっかり者タイプ

自分でやることを決めたいしっかり者で、ママが大枠を決めれば動けるタイプです。ですが、5年、6年と学年が上がるとママも量をこなしたいため、ひたすら処理する勉強をさせがちです。それに慣らされると、**自分で考え勉強することをやめ、「処理脳」になっていきます。**もともと何も考えずひたすら処理して成果を出すのも嫌いでないため、処理脳になりやすいタイプなのです。処理脳になると思考力を問われる問題に弱くなってしまいます。頑固でこだわりがあるのも良い資質。多少遠回りに見えても任せる部分を作りましょう。

コツコツ良い子タイプ

不安な世界ではママの言う通りにしていた方が安心なお子さん。ママの言う通り全てやってくれる、受験では比較的手がかからないタイプです。ストレス下では甘えてママを必要としてくることもあり、素直でまだ幼さの残るお子さんについ手をかけてしまいがちです。**言われるまま勉強する子に育ちやすい傾向があるので、ママ自身が自立する部分をあえて作る必要があります。**スケジュールなどもお手本を見せながら次は自分で考えてみようか、など一つずつ自立させてあげましょう。

19 緩み、逃げ場を作ろう

ちょっと厳しくし過ぎたのでしょうか？　塾に行きたがらなくなり、宿題もこれまでのように素直にしてくれなくなりました。志望校を考えるとそんな悠長なことは言っていられないのに反抗するようになってしまい困っています。

お子さんの個性のあり方を無視してしまうと反発を生みかねません。受験は長期間続くものですから、お子さんの個性を尊重し自発を促す環境を作ることで、少し遠回りの時期があっても最終的に伸びてくるようになります。

これまで個性タイプについて様々な方面から焦点を当てて見てきましたが、タイプの異なるママとお子さんの考えや行動はずいぶん違うように感じたかと思います。違いがあるということは、お互いの意見を通そうとすると衝突するということ。お互いにストレスとなるだけでなく、子どもは追い詰められやすくなります。反抗する、自信を失う、など、こんなはずじゃなかったのに！　という方向へ進んでしまいます。

大切なことは個性が違うからこそ緩みを持たせて、お子さんにとっての逃げ場を作ってあげることです。できれば同じタイプの人に逃げ場になってもらえると、お子さんも気持ちを出すことができ安心ですね。つい受験時は正論でお子さんを責めてしまうことも多いようです。「正しさ」よりも「楽しさ」を意識して勉強を進められると、どの子も自発的な行動になってきます。そのためにも少し緩めて、逃げる場を作って楽しく進めるようにしていきましょう。

先の例のママですが、お子さんの個性タイプがひらめき天才肌タイプとわかり、今まで拘束し過ぎていたと気づけたことで、ママ自身の行動を変えなければいけないと理解していただけました。得意科目はお子さんの自由に進めてもらい、苦手科目のみママがサポートするように変えたところ、得意科目の成績がぐんぐん上がり、苦手科目の取り組みも積極的になったそうです。

では、３つのタイプどんな緩みが必要かチェックしておきましょう。

ひらめき天才肌タイプ

自分で自由に考え、創造する時間が欲しいこのタイプは、時間に縛られることや、集団行動、パターン学習が苦手です。学校や塾では、どうみられるかを意識して頑張っていますが、家にいる時はその反動で型にはまった学習を嫌がるかもしれません。スケジュール通りにできない、好きなことばかりで嫌いなことは一切しないことなどを細かく責めず、勉強では気分とノリを大切に。気分が乗らない時に全然進まなくても、乗っている時に一気にやり遂げてしまえるなら型破りでもＯＫ！　任せておきましょう。また、苦手、嫌いなことも先生次第で好きになるタイプです。どうしても避けるものに関してはアプローチを変えてみましょう。週末などは友達やパパと伸び伸び遊ぶ、趣味に没頭するなど解放される時間を作ってあげると次の１週間のエネルギー補給となります。

しっかり者タイプ

人に決められてしまうこと、やらされることが嫌いですので、とりあえず塾に通わせておくことや、ママがお尻を叩いて勉強や宿題をさせるような「やらされ学習」になると全てがストレスになります。自分ですると決めたことに関しては苦痛を感じませんが、人から強制される努力は苦痛なので、学習がどんな成果につながるかがわかる勉強の仕方を身につけ、成功体験を積み重ねられるような学習習慣を作ってしまうと良いでしょう。また、自分で考え行動できる環境を作るとともに、**先生やパパに良き相談者となってもらえるといいですね。**自分の行動が認めてもらえ、意見を聞いてもらえる人がいるとストレス発散となり、意欲も増します。

コツコツ良い子タイプ

ゆっくりする時間が必要なお子さんなので、家族でのんびりする時間は必ず取るようにしましょう。ママとしては受験勉強以上に自立して欲しいと感じているかもしれませんが、中学受験をするならその負荷の代償として甘えが増加するものと思って頑張りを褒めてあげましょう。また、勉強以外の人間性なども褒めてあげることが大切です。勉強でしか認められないと思うとプレッシャーになってしまいます。他のタイプのママにとってはいつまでもベタベタ甘えてくるお子さんに苦痛を感じるかもしれませんが、今、お子さんの愛情を受け止め、愛情を与えてあげることで、未来にたくさんの人に愛情を与えることができる子に育ちます。愛情も手間も必ず未来に広がっていくと思うことが大切です。

20 習い事はやめなきゃいけない？

5年生になったらサッカーはやめようという約束でしたが、コーチから期待され、やめたくないと言い始めただけでなく、練習日を増やしたいと言います。それを中高で続けるために私立を目指すこともあり、無理にやめさせるか、悩んでいます。やはり受験するならやめないといけないでしょうか？

受験を始めると当たり前のように習い事をやめるご家庭が多くなります。受験はそれくらい大きなイベントですから仕方のないことだとママは思うものですが、小学生にはそんな割り切りができなかったりします。どんな時期もお子さんにとってたった一度の大切な時期です。頑張って続けたくもなりますよね。楽しいからやめたくない！　友達と頑張りたい！　それでもやめなければいけないのでしょうか。

実はそんなことはありません。両立が可能な塾もありますし、今は通信教育も充実しているので、うまく続けていく方法はあります。両立方法を模索して、お子さんと話し合って決めていきたいですね。**学校や習い事でもお子さんの社会があります。「ママがやめる手続きしてきたからね」だけは避けましょう。**

我が家の次女も宝塚に憧れた時期があり、4年生の時は音楽関係、体操やバレエなど8つも習い事をしていました。それなのに姉に憧れ超進学塾へ通い始め、宿題0で一年過ごしてから5年生では習い事を4つに減らし、いよいよ宿題もするぞ！と頑張りました。もちろん成績はアップダウンの連続。友達とペアで大会に出たいと6年生まで続けたものもありました。ただ、時間が少ないことは本人がよくわかっていたので、隙間時間にも勉強してくれ、何より自分で決めたことで、どんなに成績が悪くても諦めず、第1志望校の桜蔭に合格できました。

やめることがプラスなのか、やめないことで頑張れるのか、お子さんをしっかり見て、話し合っていくことが大切です。また、**やめる場合も高学年になったらお子さんが自分で先生や友達に伝えましょう。**

自分で先生にやめる報告をするだけでもけじめがつき、自分の受験だという意識が生まれます。先生や友達も応援者となってくれるので、受験からも簡単に逃げなくなります。習い事を続けることも、やめることも人生の学びです。しっかりした学びとなるように進めれば受験でも必ず結果に繋げられます。

では、タイプ別に中学受験での習いごととのつきあい方を見ていきましょう。

ひらめき天才肌タイプ

天才タイプのお子さんは習い事でも習得が早く、ママも期待するものの、気移りも早いです。ですがそんな中でも夢中になるものが出てきます。その場合、**大変ですが両立した方がかえってうまくいくケースが多いようです。** 成績のアップダウンにとらわれず、やるべきことに集中できれば、最後まで両立していけます。天才タイプはもともと息抜きが必要なタイプ。習い事が良い息抜きとなることで、勉強のパフォーマンスも上がります。**やめる時は大々的に宣言してみんなに華々しく送ってもらいましょう。** 必ず合格して報告したくなりますので、思っている以上の頑張りを見せてくれます。

しっかり者タイプ

何事も自分で納得して進みたいタイプ。習い事を始めるのもやめるのも、続けるのも納得し、自分で決めたいと思っています。**勝手にやめさせたりすると、ずっと恨まれることに。**続けると決めても、その割に要領が悪いところがあります。ママから見て両立が難しい場合は、要領の悪さをカバーする個別や家庭教師をつける。もしくは話し合って、合意の上で習い事をやめるようにしましょう。**習い事は始める時に目標を決め、達成したらやめようと約束しておくと良いでしょう。**

コツコツ良い子タイプ

習い事が多い傾向にあります。また、どれもやめたくない気持ちもあり決められません。**仲の良いお友達がいると特にやめにくいので、よく話し合うことは必要ですが、最後の決断はママの方が良いかもしれません。**また、先生に悪いという気持ちもあり、先生に伝えられない子もいます。ママがそばにいても良いので、お子さんから伝えるようにしましょう。少しずつ自立すること、意思を伝えられるように声がけしていくことで塾でも質問できるなど成長してくれます。

第3章

子どもを萎縮させない　ママのサポート術

21 ママの表情と言葉は成績に影響する！

叱っている怖い顔、成績を見てガッガリした顔、お子さんに見せてしまっていませんか？　実はテスト本番の緊張を生み出すのはママの反応だったりします。

テストに積極的に取り組んでほしいと思い、成績が良い時は「やったー！良かったね！」と一緒に喜び、悪かった時は「残念！　次頑張ろう！」と応援していました。ですが、夏から成績がちっとも上がらなくなり、ミスも多く悪いところばかり…がっかりの成績に応援の言葉も出なくて叱ってばかりになっています。そのせいか最近はテストを嫌がるようになり困っています。

中には子供が危機感を感じてくれるよう、あえてがっかりした表情をして見せるママもいると聞きます。ですが表情は言葉以上に心に深く残り、時に傷となってしまいます。**決して楽しいことばかりでない受験勉強なのに、頑張っていてもがっかりされる、やらなきゃとは思っているのに叱られ、怖い顔をされる。そうなるともう、頑張ろうと思えなくなってしまいますね。**お子さんにとって志望校にいきたい気持ちも、日々の小言やママのマイナスの表情にかき消されてしまいます。そこまでして行きたい学校なんて、ほとんどのお子さんには無いのが現実です。

テストを見せてくれなくなっていた5年生ママからは、次のようなご報告が。

　ご相談後、テスト後に直しをしなさいと責め立てていたこと、少し怖くなっていたと気づき、アドバイスいただいたように、しばらく息子からの報告を待つようにしました。２ヶ月後くらいからまたテストを見せてくれるようになり、叱らずにできている部分を認めるようにしたら、直しまで自分で進めるようになってきました。私の方が熱くなりすぎていたと反省です！

タイプ別の影響を知って、前向きな気持ちを育てるママになりましょう。

ひらめき天才肌タイプ

普段はママの言葉もスルーするなど上手くかわす天才タイプ、ギリギリのところの顔色察知度は抜群です。何を言われても平気なタイプとポッキリ折れてしまうタイプに分かれますが、**平然としているタイプも内心は傷ついていることが多く、実は影響が大きいです。**「昔は誰より早く理解できたのに、発想力やひらめきが天才的だったのに、今はこんなこともできない」「パパの子と思えない」など特にプライドの傷つくような言葉は一気に「僕なんてダメなんだ」となってしまいますので注意しましょう。

しっかり者タイプ

ママの叱る言葉や表情が本当に嫌い。**怒られても反省したり、奮起したりするのではなく、ただ嫌いという印象が残るだけ。**効果を狙っているなら逆効果です。注意が多いとテスト＝叱られるものとなり、苦手、嫌いとなるので要注意です。できているところを褒め、元気の出る笑顔で応援してあげましょう。

コツコツ良い子タイプ

ママの叱る言葉や表情が心底怖いタイプ。**それを言わせた自分を責めるくらいがっ**

かりし、深く印象に残ります。普段からママに喜んでもらいたくて頑張るとことが強いこのタイプは、ママの一喜一憂がそのままお子さんの一喜一憂となります。良いときは天にも登った気持ちですが、ダメな時はいつまでも落ち込むことになります。嫌な表情、怖い表情、がっかりした表情、追い詰める言葉は避けましょう。

22

叱ってばかりにならない秘訣

スケジュールを決めても一向に始めず、叱ってようやく始める頃には寝る時間間際。寝る時間も遅くて朝も起きられず、朝からまた叱ることに。同じ毎日の繰り返しにもう疲れ切っています。どうしたらいいでしょうか?

叱りたくて叱っている訳でない! これが多くのママの本音だと思います。でも、やれていないことはきちんと気づかせてあげる必要がありますね。だからこそ、「どうして時間通りにできないと思う?」「どんなやり方ならやりやすい?」など、個性に合わせて声がけすることで自発的に修正できるようにしてあげたいですね。先のお子さんについても、次のようなご報告をいただきました。

計算を先にしていましたが、好きなことから始めると良いと聞き、順番を入れ替えました。そして、スケジュールより少しでも遅れると注意していたのを止め、声がけもタイプに合わせて試したところ、一週間で宿題が予定通りに終わるようになりました！　私の思っているベストは息子には合わなかったと気づかされました。

タイプ別のできない原因を知って、声がけを変えてみませんか？

ひらめき天才肌タイプ

叱るなら10文字以内、長く言っても聞いていないタイプです。また、**勉強は好きだけど、カバンを取ってくる、教材の必要なページを広げるなどの準備が面倒くさいタイプ**でもあります。基本教材は出しっ放しでOK。次の宿題のページを開いて置くことで思いついた時、すぐに取りかかれます。

しっかり者タイプ

スケジュールをこなし、チェックしていくのが好きで、勉強を進めやすいタイプですが、全て決められてしまうのは嫌がります。自分で考え行動できる部分を残しましょう。また、**予定より早く終わったからと追加されるとママへの信頼がなくなるので、追加や予定変更はしないようにしましょう。**

コツコツ良い子タイプ

素直なお子さんですので、その面ではママも安心です。ただ、**ノート作りなどにこだわって時間がかかり、ママをイライラさせてしまうところがあります。**また、習得に時間がかかることもあり「前も同じこと言ったよね」「何回やったらわかるの？」と責めるとママの言葉に萎縮して、勉強に自信をなくしてしまいます。時間をかけて成長していく子と認識して応援する声がけにしていきましょう。

ママの叱り方の傾向も見てみましょう

ひらめき天才肌タイプママ

賢く頭の回転の早いママなので、お子さんがどのタイプであっても遅い、要領が悪いと感じてしまいます。理解が遅い状況などを見るとイライラ。**できないところの指摘は反論の余地を与えない傾向があります。**そもそもママの理想はかなり高いレベルですので、待つこと、見守ることが課題となります。

しっかり者タイプママ

時間管理型のしっかり者タイプママは予定が狂っていくのが苦手。また、**勉強ができないことよりもきちっとしてない方が気になるタイプです。**準備ができていない、机が汚いなど、勉強を始める前に注意から始まる傾向があります。

また、叱る時は理屈で責める傾向があります。うまくいかない、失敗した時点でお子さん自身が気づいていることも多いので、追い詰めないようにしましょう。

コツコツ良い人ママ

叱るというより小言が長い傾向があります。厳しい叱り方はしませんが、いつまでもグチグチと、前も同じこと言ったよね、など過去のことも持ち出しがちです。必要最小限で伝えるようにしましょう。お子さんも自分のために言ってくれていることはわかっていますので、念押しはしないでくださいね。

23

できないところの指摘ばかりになってませんか？

ここでは褒めることについて見ていきましょう。「褒める」をうまく使うとお子さんの学力が上がってきます。

一つずつ直せるように細かく指摘しているのに、ちっとも聞いていないようで同じミスを繰り返します。テストでは普段以上にミスが多発し、「どうして何度言ってもできないの？」「ちゃんと聞いてる？」とさらに叱ることになってしまいます。叱ってもできない子をどうしたら良いですか？

叱れば叱るほど萎縮して、頭に入らず、行動できなくなる子は少なくありません。こういった場合、できることを定着させてあげた方が安定した成績がとれます。成績につながる行動はすぐに褒める。定着するまで繰り返し褒めてあげることが大切です。

作図が綺麗で見やすいね。朝早くから勉強できたね。丁寧に問題を読んで解けたね。集中していて凄かったよ。それはテスト直しでも同じです。**一見、できたところを褒めるより、間違いを正す方がよさそうですが、褒めることが大切。**

例えば式を丁寧に書いている。読みやすい答案になっている。間違っているけれど途中までしっかり取り組んでいる。それだけでもしっかり褒めてあげましょう。そもそもテストがダメ出しばかりで叱られるものだと、テスト自体に苦手意識を持ってしまいます。

大切なのは褒めることですが、個性によって心に届く褒め方が違います。皆から凄いと思われたいタイプ、実力を認めた上で褒めて欲しいタイプ、いつも自分のことを気にかけ愛してくれていることを感じられる褒め言葉が欲しいタイプと、タイプが異なるからです。

次のママのお嬢さんは良い子タイプ。指摘されればされるほどと緊張してしまい、かえってミスを増やしてしまっていましたが、こうして解決できたようです。

小さなことも、できるところを褒めるように変えたところ、徐々にですが、落ち着きミスが減りました。何より、楽しそうに勉強するようになってきました。これまで急がせてしまっていたと反省しています。

それでは、タイプ別の褒めポイントを見ていきましょう。

●ひらめき天才肌タイプ

ママの自慢に思われたいので褒められることが大好き。ハイタッチをするくらい喜んであげると嬉しいです。褒めると調子に乗るタイプで、根拠のない自信を持つので、ママとしてはこれ以上調子に乗せないようにしたくなることもありますが、褒めて得意とするところをどんどん伸ばしたい子です。**たまたまできたところも褒めることで吸収がとても良くなります。**得意で自信がつくと苦手なことにもチャレンジできるようになり、また得意な部分を褒められるとさらに工夫するなど、バージョンアップしてこようとしてくれます。

しっかり者タイプ

褒めるより、認めて欲しいタイプ。努力や、行動、成果を認めて欲しいタイプですので、**ただ「凄いね」というより、なんで凄いと思うのか、その根拠を伝えてあげましょう。**「先月より回数を多く頑張っていたから、基礎問題は満点になったね、凄いよ！」など。

以前より良くなった点など具体的に伝えてあげましょう。成功体験を繰り返すことで自信がつき、どんどん努力の幅が広がり自立も早くなります。

コツコツ良い子タイプ

とにかく気遣われ、褒めてもらえると嬉しいタイプ。**ママに言われたことは実行しようとするので、褒めることで定着させやすいです。**間違いは正す必要がありますが、行動に対しては、多少うまくいってなくてもダメ出しより褒めること。褒める＝定着を繰り返しているといつの間にか大きな目標に到達するようになります。初めてのことは全て褒めて伸ばしていきたいタイプです。

24 目標を持って勉強するって難しい

中学受験をしたいと言いますが、自分から勉強を頑張ろうという様子もなく私が頑張らせている状況です。目標目指して自分から努力できるようになってほしいのですが、どうしたらいいでしょうか？

目標を持って自分から勉強してくれたらママはどれだけ嬉しいでしょう。ですが実際はママがスケジュールを決め、それを実行してくれれば良い方で、お尻を叩いてようやく勉強するお子さんも多いのではないでしょうか。

「どうして目標を持って頑張ってくれないの？」と思っているママも多いはず。**それは、小学生の段階では目標を持って頑張るという経験をそれほどしていないことが多いからです。**本当であれば学校で身につけていて欲しいところですが、自分で目標を設定する学習は少なく、思った以上に育っていません。スポーツ等の習い事で目標を立て努力する経験をしているお子さんはいますが、それもご家庭での意識次第です。大人が思っている以上に、目標を立てて成功体験を積んでいる子は少ないのです。

学校で経験できないならご家庭で経験させてあげるしかないのですが、実際にはママやパパも目標を決め取り組む姿をお子さんに見せていないのではないでしょうか。好きなこと、得意なことで目標を持って取り組み成功体験を作っておくことが大切です。また、ママやパパが目標を持って努力し成功する姿を見せてあげると、成功までのイメージがしやすくなります。小さなことから楽しく実践してみたいですね。

さて、３つのタイプでも目標をうまく活用すると勉強の意欲が高まります。志望校のような大きな目標と、日々の勉強のための小さな目標をうまく使って効果的に学習意欲を高めましょう。

言われて渋々勉強していたT君。遊びや家の手伝いでも目標、目的意識をつけ、勉強でも計算時間の目標を決めるなど、身近なこと、小さなことから実践してもらいました。小さな成功体験を積み重ねるように意識したところ、たった1ヶ月で自信を持って自分から行動するように変わり、勉強も意欲的な意見が出るように変わったそうです。

では、タイプ別声がけ・目標設定法をみてみましょう。

ひらめき天才肌タイプ

夢中になりやすく冷めやすいこのタイプは大きな夢がないと本気度も上がらず、継続する気持ちも湧いてきません。中学に進学してからやりたいことなどを含めて話し合い、将来のビジョンが見えるようにしてあげましょう。

ただ、それだけでは日々の学習意欲向上には繋がりません。小さな目標としてその日達成したいことを決めましょう。計算問題は昨日より短い時間で解こうなど小さな目標を日々達成できると、毎日新たな気持ちで進んでいけます。将来なりたい姿をイメージ画像などで視覚的に捉えられるようにして貼っておくと、大きな目標もぶれなくなるのでオススメです。

しっかり者タイプ

目標を持って行動したい資質を持っているタイプです。小さな頃から意識的に目標を立て、成功体験をたくさん作ってあげましょう。受験での目標設定は、現実的で、合格するイメージできるところを志望校として定めることが大切です。毎日の課題は小さな目標として定め、一つ一つクリアしていくと合格に近づいている自信が持て、自分からどんどん取り組めるようになります。成功体験の数が自信と行動につながるので意識して経験させましょう。目標も見える化すると行動力も上がりますので、壁に張るのもいいですね。

コツコツ良い子タイプ

目標を決めガツガツ頑張るというより、ひっそりと目標を目指すタイプです。ママからすると、願っていれば叶うと思っているように見えるかもしれません。お子さんの欲のない様子につい、目標を持って努力することを強要してしまいがちなので、一緒に目標を立て、「応援するから目指していこう」とチームで目指す形と取ってあげましょう。少し幼さのあるこのタイプは自立を急ぐとプレッシャーになります。安心して進める環境づくりが鍵です。中学受験ではチーム戦で勝つイメージを持って、マイペースになりがちなお子さんの軌道修正をしながら進めると良いですね。

25
スケジュールは継続が鍵！

スケジュールの必要性はどのママも感じているところですね。ですが大きな壁となっているのは続かないこと。よく、こんな質問を受けます。

スケジュールを立てても半分くらいしかできず、スケジュールを見て実行するのも1週間ほどしか続きません。何回か繰り返しましたが、私も嫌になり、今はスケジュールすら立てなくなりました。その都度叱ってやらせていますが、成績がどんどん下降しています。こんな子はどうしたら良いでしょうか？

どんなに良いスケジュールでも、実行してくれなければ意味がありません。学校から帰って、何時までにこの4つね。そう決めても他のことを始め、叱っても始めず、ようやく始めても時間なんてあってないようなもの。結局、寝る時間を過ぎてようやく終わる始末。長続きせず、スケジュールを作るのもやめてしまったママも少なくありません。

スケジューリングの仕方一つをとってもその方法はそれぞれのタイプで大きく違います。タイプを掴んでスケジュールを続けられる子へ育てていきましょう。

先にご相談いただいたお子さんについては、次のようなご報告をいただきました。

人に決められた通りにするのが苦手なタイプとわかり、アドバイスいただいた通り、「得意科目は自分で好きに勉強して良いよ！」と任せる科目を作り、苦手科目だけ、1日分ずつ私がスケジュールを作るようにしました。すると、得意科目は何も言わずに勉強を済ませるようになり、苦手科目も半分はクリアできるよう変わったんです。

それではタイプ別に、これなら続けられる！　スケジューリング術をみていきましょう。

ひらめき天才肌タイプ

スケジュール表を見た途端、やる気が減退するタイプです。決して勉強が嫌いなわけではなく、凄い量をやらされる拘束感が苦手。要は、自分がやりたいタイミングでやりたいタイプです。ママは一週間のスケジュールで把握するとしてもお子さんには一日のスケジュールをくらいが良いようです。ただし、自分のやりたいスタイルにこだわりがあるお子さんの場合は、まずはお子さんの行動に合わせ、うまく点数が取れないなど問題が発生した時に検証して直し、塾の指導を取り入れていきましょう。意思を尊重することがやる気と継続に繋がるので、捻じ曲げないことが大切です。

しっかり者タイプ

スケジュールが決まっている方が行動でき、チェックして消していけると嬉しいタイプ。自分のやった成果が目に見えると嬉しいこのタイプはスケジュールの継続を楽しめるタイプです。最初はご褒美で誘導が必要ですが、成果が出だすと次の成果のために行動できるようになってきます。**ポイントはご褒美とスケジュールには自分の意見が入っていること。そして、ママが勝手に変更、追加をしないことです。**また、前日に確認、準備をしておくと行動がスムーズになります。

コツコツ良い子タイプ

ママが決めたスケジュールをコツコツこなそうとするタイプ。ただスピード感はママが思うよりやや遅め。習得にも少し時間がかかるので、一人でお任せにすると終わりません。**テンポを良くしたい場合、適度に声を掛けチェックするなど一緒に勉強を進めていくことがオススメ**ですが、叱ったり、急がせたりすると機嫌を損ねスピードが落ちます。褒めて気分良く進めてあげましょう。

26 整理整頓能力を育てると成績も上がる！

宿題は？　塾の準備は？　というと探し物が始まる娘。勉強机がすぐにぐちゃぐちゃになり、その隅っこで勉強している姿を見ると勉強ができるようになるとは思えません。そもそもこのような状態の子は中学受験に向いていない子でしょうか？

整理整頓が思考の整理に良いというのは、よく聞きますね。ですがお子さんが使うと机も棚もぐちゃぐちゃになってしまう！　ママから見たら、どうしたらこんなに汚くできるのと思われるのではないでしょうか。うちの子の頭の中はどうなっているの？　そんな疑問すら湧いてくるかと思います。

実際は、個性のタイプによってもともと整理の苦手な子もいるんです。傾向をすぐに変えることは難しいですが、少しずつ取り組めば、教材の片付けから、思考の整理までできるようになり、成績の向上にもつながります。タイプによっては少し気長に取り組む必要もありますので傾向を知っておきたいですね。

ひらめき天才肌タイプ

会話もあちこち飛んじゃうくらい、思考の回転が早いタイプで、次々思いついて出してしまうので机の上もなんだか雑然としています。**そんな机で勉強できないでしょう？　いえいえ心配はいりません。**片付けてから勉強しようとするのではなく、空いている場所を見つけて移動して勉強します。

整理整頓に関してはやや苦手。やってくれる人がいるなら、お任せしたいタイプです。受験期の整理は最低限気持ち良くできる分で大丈夫です。

しっかり者タイプ

自分のものを大切にし、整理も好きなしっかり者タイプ。グチャグチャだとやる気がなくなります。次々物が増えると一気に混乱しますので管理分量を決めることが大切です。自室や自分だけの場所と決められた場所は片付け習慣が身につきやすいので、**使いやすさや分類を考えさせ、整理棚を用意すれば、積極的に片付けてくれます。**

しっかり者タイプは整理された机の方が気持ちもスッキリ勉強も集中でき、整理＝集中と実感できるとずっと維持するようになります。受験期の忙しい折でも行き詰まっている際は、親子で教材を整理してみましょう。

●コツコツ良い子タイプ

放っておくと机にはものが溢れてしまうタイプ。小さな頃から、1箇所ずつ整理する習慣をつけましょう。整理をするとしても頭で考えていないところがあるので、一緒に考え、こうすると便利でしょう？　など声がけをしてあげると、自分で考え整理する力がついてきます。混乱しやすいコツコツタイプは、まずは身近な整理整頓から習慣づけていきましょう。それでも、受験も忙しくなり、時間に追われて量が増えてしまうと机はごちゃごちゃになりやすいので、忙しくなったら整理する範囲を絞ると良いですね。

27 翌日の準備で学習効率が120％アップ！

スケジュールは決めているのですが、教材を出すにも時間がかかり、なかなか始まりません。時間に終わるように行動してくれないので、寝る時間もどんどん遅くなっています。どうしたら、サクサク行動してくれるようになりますか？

少しでも積極的な行動に変えるには、**前の日に準備をしておくことがオススメです。**前日に翌日やる勉強の準備を自分ですること、必要な教材を広げ取り組みやすいよう準備しておくことで、行動がスムーズになります。明日の課題はどれくらいかを把握し、どれからしようかと考える時間も持てるので心の準備も整います。

個性タイプによって、事前に勉強の準備をすることで効率的に勉強できるタイプから、その時の気分とノリで一気に仕上げたいタイプなど様々。個性タイプに合わせ準備習慣を身につけて自発的な行動につなげたいですね。
それでは、タイプ別に最適な前日準備の仕方とその効果を見ていきましょう。

●ひらめき天才肌タイプ

翌日の準備をしておくと良いとお伝えしましたが、残念ながらその時点での興味を優先するタイプです。前もって決めていても、違う課題から始めてしまうので、**翌日の準備によって効率を上げることは難しいですが、興味があるもの、好きなことへのエネルギーは3つのタイプでもダントツ。**興味が向くように教材を広げておくようにする、どの科目からスタートしてもOKと自ら選べる環境を作ってあげましょう。

また、勉強していると知識を広げて行きたくなるタイプですので、参考書などを宿題と一緒に用意しておくと、自ら学びを深めてくれます。宿題に関しては、寄り道するところもあり、期限ギリギリに行動しがちです。少し余裕を持たせておきましょう。

●しっかり者タイプ

しっかり者タイプは行動が決まっている方が安心です。準備と明日の行動を確認しておきましょう。次の日の準備しておくことで安心して休むことができ、心の準備もでき、朝の勉強もスムーズになります。スケジュールをチェックし、準備された教材を進めていけます。準備をすることで行動の無駄がなくなり効率が上がるタイプです。準備で気をつけたいことは、一人で行動するための細かな手順、自ら解決するための参考書などの使い方などを一度は丁寧に伝えておくこと。**このタイプは予定が変わるのが苦手ですので、変えないことも大切です。**

コツコツ良い子タイプ

その日やるべきことが決まってないと悩むところからスタートする傾向がありますので、準備は必須。ただ、前日に準備をしても翌日に忘れてしまって、マイペースに行動し始めることが多く、**朝再度、確認することで行動を促すことができます。**

勉強そのものは嫌いじゃないけれど、手際の悪いところがあるタイプですので、準備の際、効率的に勉強する手順を一緒に確認しておくと無駄な時間や行動も減り、しっかり定着する学習になります。

28 授業をしっかり聞いてきていますか？

塾には楽しく通っていて、「授業はどう？」と聞くと「楽しかった」と答えてくれます。ですが問題が全く解けず、「どう習ったの？」と聞いてもほとんど答えられません。改善する方法はありますか？

授業をしっかり聞いて理解してくれていたらママも安心ですね。だけど、なんだか自信なさげ。宿題に時間がかかり、あまり理解できてないみたい。そんなふうに感じたことはありませんか？　「授業、ちゃんと聞いているの？　しっかり聞いてきなさい！」と注意しているママも多いのではないでしょうか。

実は学校の反復学習にすっかり慣れているお子さんは授業をしっかり聞こうという意識が低い傾向があります。小学校では授業中、ボケ〜と窓の外を見ていても授業はだいたいわかるし、聞いてなくても次の日も同じような授業をするので困ることがあ

郵便はがき

料金受取人払郵便

日本橋局
承認

501

差出有効期間
2023年1月31日
まで

103-8790

011

東京都中央区日本橋2-7-1
東京日本橋タワー9階

㈱日本能率協会マネジメントセンター
出版事業本部 行

フリガナ		年齢	歳
氏名			
住所	〒 TEL ( )		
e-mail アドレス			
職業または学校名			

ご記入いただいた個人情報およびアンケートの内容につきましては、厳正な管理のもとでお取り扱いし、企画の参考や弊社サービスに関する情報のお知らせのみに使用するものです。詳しくは弊社のプライバシーポリシー（http://www.jmam.co.jp/about/privacy_policy.html）をご確認ください。

アンケート

ご購読ありがとうございます。以下にご記入いただいた内容は今後の出版企画の参考にさせていただきたく存じます。なお、ご返信いただいた方の中から毎月抽選で10名の方に粗品を差し上げます。

● 書籍名

● 本書をご購入した書店名

● 本書についてのご感想やご意見をお聞かせください。

● 本にしたら良いと思うテーマを教えてください。

● 本を書いてもらいたい人を教えてください。

★読者様のお声は、新聞・雑誌・広告・ホームページ等で匿名にて掲載させていただく場合がございます。ご了承ください。

ご協力ありがとうございました。

りません。1度しか聞けない！　と思って聞く子に育ちにくい環境なんです。

個別指導や家庭教師をつけるのももちろん有効ですが、授業をしっかり聞いてくる力を育てたいですね。ただ、そもそも話を聞くのが苦手なタイプもあり、見極めが必要です。では、授業で聞く力を育てる、声がけ術を見てみましょう。

ひらめき天才肌タイプ

学校では、ほとんど授業を聞かなくてもわかってしまうひらめき天才タイプは、授業を少しナメているところがあります。1聞いて10わかったつもりになるので、自宅で問題を解く時、あれ？　と戸惑うことに。

叱っても自分はちゃんと聞いていると信じていますので、**聞く力を上げるために今日の授業内容を議論するような時間を作ってみましょう。**授業内容を話してもらい、ママがわからない部分を質問したり、思ったことや考えをお子さんに言ってもらったりしましょう。話してみると自分が聞き漏れていた部分や、曖昧な部分がよくわかり、授業が聞けていなかったと確認できます。

しっかり者タイプ

比較的授業を真面目に聞いているものの、自分なりに結論づけたり解釈をして授業を聞く傾向があり、色々考えているうちに聞き落としたり、違う理解をしてしまう傾向があります。**普段の会話も結論を先に聞きたがる、結論重視の子。ですが敢えてプロセスの部分を聞いてみるように声がけしてみましょう。**堅苦しくなると続きませんから、できれば楽しく聞いていきましょう。

コツコツ良い子タイプ

実は授業中も空想の世界へ入ってしまう傾向のある良い子タイプ。学校では支障がなくても塾では内容が抜けてしまうことに。長い時間ではないですが、物語の世界に入ってしまったり、歴史の世界や、空想の世界に入ってしまったりします。

また、ひたすら板書に夢中で授業が聞けていない子も多いのがこのタイプです。**板書に時間のかかる子、空想癖のある子は予習をして内容をある程度頭に入れておくと、多少先生の話が抜けても情報をつなぎ合わせることができるので安心です。**

話の長いこのタイプは要約が苦手。ぜひ普段から結論は何か、それってまとめるとどんなお話？　と要約できるよう声がけで誘導してあげましょう。

29 ごまかす、嘘をつく子を作りやすい中学受験

嘘ばかりつく息子に、もう受験なんてする資格がないと思っています。先日は解答を写して正解にしており、平然と遊んでいる様子に怒りをぶつけてしまいました。嘘をつくような子ではないと思っていたのに悲しいです。受験をやめた方が良いでしょうか？

厳しい中学受験では、ごまかす、嘘をつく子が出てきてしまいます。その理由はやはり、怒られたくない、叱られたくないことで起こることが一番多いようです。どのママも嘘をついてごまかす子に育って欲しくないですよね。でも、お子さんはやっぱり怖いんです。わからないと解答を見て写し、マルをつける。テストを見せないで隠す。ママの宿題チェックを断るお子さんもいます。そんな現場に直面したら、「直させないと」と叱ってしまうと思います。こういった場合、厳しく責めてしまい

がちです。

ですが、根本的な解決のためには、何故嘘をついたかを考えることが必要です。中学受験を自発的に始める子はほとんどいません。その上、頑張ってもなかなか結果が出ず、もちろん学校でも塾でも褒められることもあまりありません。ごまかす、嘘をつく行為を見たら「ママが叱ってばかりだったからだね。ごめんね」と先に謝ってあげるとお子さんも謝りやすくなります。先程のママも、こうして解決されたようです。

まず叱ることを減らし、見るなら解説まで読もう！　と写すことも否定しないようにしたら、ごまかしが減った上、小テストの成績がどんどん上がっています。宿題の時間も短くなり、すごく良くなりました！

では、お子さんのタイプ別にごまかし方とそれへの対策を見ていきましょう。

●ひらめき天才肌タイプ

ミスをしても軽くはぐらかす、小言をスルーしたりする、叱られたくない度は高いタイプです。普段から軽くはぐらかす、スルーするところがあるので、ごまかしたり、テストを隠したりしたら、ドカンと叱ろうとしてしまいそうですね。早い段階なら、問い詰めるより気づかないふりをして、**とにかく最初の一言は褒めるように変え、直しも「ここまでは良いじゃない！」からスタートしましょう。**すぐ問題行動がなくなります。小言のスルーはそのままかもしれませんが、それくらいの緩みを持たせてあげましょう。

しっかり者タイプ

本来はごまかしやテストを隠すことは好きではないタイプ。防御反応としては「見ないで！（文句言わないで）」ですが、それを追い詰めると嘘をついたりごまかしたりするように。**このタイプは一度嘘をつく経験をすると嘘をつきやすくなるので、嘘やごまかしを感じたら、原因を減らすことが大切です。**普段からダメ出しではなく、できた部分をしっかり認めてあげると自然と間違いを修正してくれるので、感情的にならず対処しましょう。

コツコツ良い子タイプ

嘘やごまかしが下手なタイプです。普段の叱られたくない行動としては、さりげなく見せないでおく、触れないでおくくらいですが、避ける行動が出たら、すぐに対応を変えたいところ。ママが思っているより心のストレスは大きかったりします。**「ママが叱ると怖いから見せられなかったね、ごめんね」と気持ちに寄り添ってあげましょう。**たとえうまくいかない自分でもママは変わらず好きていてくれるという安心が大切です。

ママの責め度も要チェック！　次はママの厳しさ度を見てみましょう。

ひらめき天才肌タイプママ

おおらかタイプと、徹底的に責め立てるタイプに分かれます。おおらかに受け止めるタイプだとお子さんも謝りやすいのですが、徹底的に責め立てタイプはより一層叱って傷つけることになりかねないので、プロに対応してもらいましょう。

しっかり者タイプママ

ママに嘘をつく!?　問題を解決しようとせずごまかす!?　ありえません。こういう行為を一番嫌うタイプで、なぜいけない行動なのかを理屈責めにしてしまい、責め度も高いです。3つのタイプの中でも、褒めることの少ないしっかり者タイプママですから、まずはご自身の行動が引き金になっていないか見つめ直しましょう。

コツコツ良い人ママ

正しく常識的な良い人ママは嘘やごまかしはあってはならないこと。「あなたのためを思っているの！」と説教が始まります。同じタイプのお子さんの場合はわかってもらえますが、他のタイプのお子さんには重く感じられてしまい、逆効果です。お子さんのタイプによっては「あなたのため」の押しつけになってないかを考えてみましょう。

30 子どもは手抜きのプロフェッショナル

5年生になって成績が下がってきました。子供に確認すると宿題はちゃんとしてる！　と言い張ります。何が悪いのかもわからず、どうしたら良いでしょうか。

前ケースのような嘘やごまかしという行動までいかないけれど、気になってしまう手抜き。これはその経緯から3つに分類することができます。①学校の宿題と同じように塾の宿題をやったら手抜きになっていたというもの。②賢いお子さんが自然と抜いてしまうもの。③早く終わりにしたいと本人が意図して行うもの。この3つです。ただ、手抜きのパターンは一緒でも手抜きの防ぎ方は個性によって違うものなのです。お子さんがどの手抜きをしてしまっているかを知って、個性に合わせて対策しましょう。

まずは①、学校の宿題と同じような感覚で塾の宿題をさせるとどうなるでしょう？学校の宿題は習ったことの復習。しかも簡単です。教科書を写すだけでも何となくわかってしまいます。では、塾の宿題も同じようにしたらどうでしょうか。テキストから同じ語句のありそうな部分だけ見て書いて、それをマルつけして、わからなかったところは解答を写す。ちっとも考えず作業としてやるようになります。**塾では学校ほどには同じ内容を繰り返してはくれないので、テストで点数が取れません。塾の宿題は学校の宿題と違うことをまず教えてあげてくださいね。**

●ひらめき天才肌タイプ

学校の勉強でも簡単だと思うと、適当になってしまいます。塾の学習でも同じ傾向が見られるなら、塾と学校の勉強の違いを見せてあげましょう。入試問題などを見せ、どのレベルになるために行動してるのかわかるとママの言葉にも納得してくれます。

●しっかり者タイプ・コツコツ良い子タイプ

学校の指導に素直に取り組んできたこのタイプは塾の学習への切り替えが難しく、宿題も学校の指導通りとなります。頑張っているのに成果の出ない勉強となっていないか、早めに勉強の仕方を確認しましょう。

次に②、賢いお子さんが知らず知らずのうちに手を抜いてしまうというもの。賢いお子さんは、授業で習った通りに式を書かなくても、図を書かなくても、文章に線を引かなくても、解けてしまうことがあります。そして、点数が取れてしまうことで書かない癖がついてしまいます。**困ってくるのは5年生、6年生になってから。**塾では未来を見据え、最短で点数につながるよう指導してくださっていますので、信じて塾の指導通りにしておくのが一番です。

●ひらめき天才肌タイプ

理解が早くひらめきも良いこのタイプは、どんどん先に進めたい気持ちと極端な面倒くさがり屋なため、わかることは書かなくなります。中学や高校の証明問題などを見せ、憧れを抱かせてあげられると良いですね。

●しっかり者タイプ

無駄が嫌いなしっかり者タイプは書かなくてもわかると思うと時短のためカットし

てしまいます。その方がテストでも早く解けると思っていて、敢えて書かないという選択すらするタイプです。式や図を書くメリット、書かないデメリットをしっかり伝えましょう。

コツコツ良い子タイプ

思考力が高いタイプなので頭の中で考え、筆算しか書かない、図を描かないなど手抜きになります。丁寧に取り組めば改善するので見逃さないようにしましょう。

我が家の娘も、「書かなくてもわかるし」と答案用紙がなんとも綺麗な時期がありました。それで答えがあっているからいいじゃない？　と思っていましたが、一番上のクラスに上がって、隣の席の子と交換採点をしたら、同じ時間でよりたくさんの問題を解き、式も図も完璧。ミスがなく満点に近い成績を取っていることに衝撃を受けました。**難易度が上がると、頭の中で「どうだったかな？」と何度も前に戻って数値を確認したり設定を見直したりすることが多くなるので、プロセスが書いてある方がたどりやすいのです。**早めの段階で、先生から注意していただけないかお願いしてみるのも手です。

さて、最後は③、意図的に手抜きをするタイプ。早く遊びたい、ゲームをしたい、ギリギリになってしまって間に合いそうにない、など原因は様々です。

●ひらめき天才肌タイプ

勉強も好奇心があれば夢中になるように、興味のあることがたくさんあるこのタイプは他に興味を持つと、勉強はどうでもよくなります。興味のあることが終わったら一緒に勉強タイムにしよう。など意思を尊重しながら約束をすると効果的です。

●しっかり者タイプ

そもそも時短が好き。早く遊びたい、早くゆっくりしたいなど早く終わらせたいと思うタイプなので時短＝手抜きが発生します。音読や図や式など手作業も省けるなら省いて早く終わりにしたがるので、本当にわかっているか、時々チェックをしてみましょう。

●コツコツ良い子タイプ

スタートがゆっくり、じっくり考える、勉強中も空想が入ってくるなど全体が遅れ、最後に慌てて手抜き宿題になるタイプ。宿題中もこまめにチェックするなど勉強を促してあげることで、最後に慌ててしまうことのないようにしましょう。

手抜きといっても原因も様々ですね。その原因を見極めてあげることと同時にお子さんの個性タイプの傾向も知っておくと対応がしやすくなります。先程ご相談いただいたママも、**「手抜きを感じていましたが、いくら言っても直らないのは手抜きをしていると思っていなかったからだとわかりました。子供と一緒に一つずつ確認しながら取り組んだところ、自分が適当にしてしまっていたところがよく理解できたようで、丁寧な勉強が続いています」**とおっしゃっていました。

31 「面白くない、つまらない、やりたくない」と言われたら？

最初の頃は楽しく通っていた塾。なのに最近では、つまらない！　やだ！　やりたくない！　を繰り返します。宿題もやりたがらず、叱ってやらせている状況です。

ママにとって困ることの一つが、何としてもやる気を出してくれない子どもとの戦い。最初は「頑張ってみようよ」と言っていたけれど、いつまでたっても渋るお子さんの様子にだんだんとイライラしてしまうこと、ありませんか？　最終的には叱る、怒鳴るとなってしまうママも多いはず。「受験するって言ったのはあなたでしょ！」「ママだってやりたくない！」と、売り言葉に買い言葉でエスカレートしてしまいがちです。

ですが、**小学生がするとは思えない宿題の量や授業の速さは、もちろんお子さんも**

想像していなかったでしょうし、きっと今も、これから先を想像できません。そんなの聞いてないよ！　の世界です。また、先生や友達との関係といったことが、勉強に対して前向きな気持ちになれない要因となっていることもあります。だからこそ、面白くない、つまらない、やりたくないと言われても、頭ごなしに否定しないであげてくださいね。

まずはママの褒めは足りているかなど、**勉強でダメ出しばかりの状況になっていないか、確認をしてみましょう。**そして「最近塾はどんな感じ？」「勉強難しい？」「毎日じゃつまらなくもなるよね」ととにかくありったけの愚痴を聞いてみましょう。とことん聞いてみると、そんな気持ちになってしまう原因が見えてきます。

もし授業が全然理解できていないからであれば、復習タイプの塾に通っているのだとしても予習をした方が良いなど対応も見えてきますね。勉強はわかるけど、先生が怖くて行きたくない、ということもあります。大人から見ると大したことではなかったりすることも、お子さんにとっては理不尽に感じたり、嫌だなと思ったりすることも少なくありません。**単に宿題が面倒だという理由だとしても、疲れていて教材をカバンから出すことさえ面倒ということもあれば、授業でわかったつもりなのに実際に**

解いてみると解けなくて、テキストやノートを読み直すのが面倒ということもあります。

つまらない、面白くない、やりたくないと言われたら早めの対処が1番！　たくさん聞いてあげ、対処しやすいうちに改善してあげましょう。もちろん聞いてもらえただけで、スッキリして行動できる子もたくさんいます。実はこの不満やストレスに感じるポイントや解消法はタイプによって異なっているので、間違った不満解消法になってしまっているかもしれません。お子さんに合ったストレス解消法をさせてあげられるといいですね。

先のママは対応を変えることでこんな変化があったそうです。

様子を見ることや待つことで、大変なのはわかるけど受験なんだから我慢しなきゃ！　とかなり強引だったことに気づけました。勉強面は先生に相談し、スケジュールも少し緩めて対応するようにしたところ、「つまらない」の言葉がなくなり、少しずつですが勉強量も増えてきています。

それではタイプ別にストレスポイントとその解消法を見てみましょう。

●ひらめき天才肌タイプ

外で頑張る天才タイプはおうちではダラダラする、甘えてくることが増えます。外ではON、家ではOFFの状態なので、気分が乗ればどんどんできるタイプですが、気分が乗らないと作業的な勉強はつまらなく感じやすいです。**デリケートな部分があるので先生の言葉でプライドが傷つくような子もいます。**躓いていると感じた時は、先生との相性なども含めじっくり話を聞いてあげましょう。

●しっかり者タイプ

うちでも外でも比較的変わらず、メンタル的なことはすぐに言ってくれるタイプですので、**つまらない、やりたくない、というようならば勉強そのものがついていけない、わからないなど、勉強そのものに原因があります。**授業で理解できているか、授業についていけてないようならば、勉強の仕方を見直すなどすぐに対処してあげましょう。

●コツコツ良い子タイプ

つまらない、やりたくないなど言葉にしたら、じっくり時間をとってとことん聞いてあげましょう。**先生がお友達を理不尽に叱っているといったことでもヤル気が落ちてしまうくらい心優しい子です。**しっかり話を聞いてあげればママが解決できることも多いです。また、いじめを受けやすいタイプですが、もっと強くならないと！　は禁句。「辛いよね」など共感が大切です。

勉強でもじっくり成長するこのタイプ、一生懸命ついて行こうとしますが、授業を聞いていてもその早さについていけない子もいます。授業に困っているようなら早めに先生に相談し、ママも寄り添って一つずつクリアしていきましょう。

32 本番に強い子に育てるために

本当にテストに弱くて困っています。家で解けば解けるのに、テストだと計算ミス、読み間違い、思い込みと呆れるほど間違いが多いのです。毎回家では解けるのでテスト前に注意をし続けているのですが、どこ何が悪いのでしょうか？

本番に実力を出し切ってほしい！　入試を迎えるママ全員が願うことですね。ですが気持ちを管理することは難しく、実力を発揮できないお子さんもたくさんいます。３、４年かけてきて初めて臨む受験で緊張してしまったり力んでしまったりするのは、子どもには無理もないことです。

実は、中学受験におけるメンタルは、本人の努力以上にママの影響が大きいのです。

ママの日頃の言動が、何年も積み重ねてきた勉強の成果を発揮できないようにしているとしたらどうでしょう？　もし今、テストの度にダメ出しするようなことが習慣になっているとしたら、自分にはできないという潜在意識を植えつけてしまっているかもしれません。

テストを見せたがらない、直しをしたがらない状況は、危険信号が出ている状態です。「**またミスばっかり！次は絶対ミスしちゃダメよ！」を繰り返されたお子さんは緊張してミスが増えます。**頭の中がミスしちゃいけない！　という気持ちばかりになってしまい、問題を解く判断力、発想力や集中力も鈍くなってしまいます。

個性によって自信を喪失するきっかけやトラウマになってしまう出来事の傾向は異なります。お子さんの個性を知ってマイナスな出来事をうまく乗り越えられるようにしてあげることで、本番でも自分は今まで乗り越えられたからと自信を持って挑めるようになります。ちょっと怖めかしら？　責めてしまっているかしら？　と気になるママは、個性タイプに合わせて対応を変えて見てくださいね。

それではお子さんのタイプ別に本番力を下げてしまうママの行動と本番力を上げる対応術を見ていきましょう。

ひらめき天才肌タイプ

このタイプはダメ出しが嫌い。ダメ出しされてもスルーしますが、そっとしておきましょう。**興味のないふりをしていても、しっかりこたえています。**意外にデリケートなので叱って自信を無くさせると持ち前の閃きや集中力が落ちてしまい、本来の力が出せなくなってしまいます。難しい問題は解けるのに簡単なところでミスが出ることが多いタイプですが、ミス撲滅をしない方が無難。１、２問のミスは許容範囲としましょう。ある程度の自由を感じる環境の方が本来の才能を発揮できます。

ママも多少のミスに右往左往しないメンタルが必須です。

しっかり者タイプ

やったことは等身大に反映するタイプ。メンタルの影響は少なめですが、このタイプの本番力を支えるものはこれまでの成功体験など、積み上げてきた努力の成果。

それだけに、しっかり成功体験や成果を感じるような声がけをしてないと、経験をしているはずなのに自信が育っていないということになってしまいます。しっかり日頃からできているところを認める声がけをしていきましょう。**目標設定を明確にしてあげることもしっかり者タイプのお子さんには必要です。**しっかり流れを作ってあげると自分からどんどん行動できるようになり、それがまた自信になり本番力も高めてくれます。

コツコツ良い子タイプ

叱ったり、ダメ出しをしたり、怖い表情を見せたりすると、どんどん本番力が下がっていくタイプです。自分を責めがちで緊張しやすいこのタイプを叱り続けることは不合格に近づけるようなものです。**勉強の努力をさせながら、下げていくなんて逆行する行為はナンセンスですね。**まして、勉強は家庭教師など、いくらでもサポートできますが、メンタルは、傷つく、自信をなくすと戻すことが難しく、本番で実力が出せないという気持ちをずっと抱えていくことになります。褒めて、褒めて、できるところを増やし、育てていきましょう。このタイプには、その後の人生を考えても叱る教育をしない方が無難です。叱らなくても一緒に考えてあげ、褒めて促せば行動できます。

33 ママが勉強好きになるとお子さんも勉強が楽しくなる！

有名な塾に通わせ、読書も興味が持てるよう色々なジャンルの本を買うなど、各教科興味の持てるものを用意し、勉強したくなる環境を用意していま す。ですが一向に興味を示さず、漫画を読んだりゲームをしたり遊んでばかりです。口うるさく言って宿題は間に合わせていますが、塾に通わせているのに学習習慣もつかず、勉強も楽しくなさそうな様子です。勉強に向かない子なんでしょうか？

小学生といえばまだまだ遊んでいたい年ごろ。学びの環境を用意しても、なかなか受験モードならず、お子さんから勉強し始めるようにならないこともありますよね。そんな中、ママだけが塾や受験と頑張っていても、ただ与えられた環境で言われた通りにするだけになってしまいます。それでは、自主的に学ぶ子にはなりませんね。

それを変えるためには、ママやパパが学ぶ姿を見せてあげること。

ママやパパも何かを学んでいると、親の姿を見てお子さんも読書をしたり、調べたり、自分から行動を起こすようになりやすいです。例えばママがすぐに調べる習慣を持っていると、お子さんも疑問に思ったことをすぐに調べるようになりやすく、ママが読書好きなら、お子さんも読書好きに。ママが勉強を始めれば、お子さんも自然と勉強をし始める傾向があります。お子さんが勉強する時間に合わせて資格試験の勉強をして、楽しく学ぶのを実践して見せてあげるのも良いですね。

私も受験時には資格試験を目指しましたが、短い時間で宿題も全て終わって、一緒にお茶タイムを持つこともできました。勉強のメリハリの面でも一緒に目標を持って勉強することは良い刺激になると思います。また、ママ自身も受験に夢中になり過ぎず、お子さんと良い距離感を保ってサポートできるというメリットもあります。

個性によって親の背中からどう学ぶかは異なります。

それでは、ママの頑張りがお子さんからどう見えているか、また、お子さんにどのような影響を与えるかを個性タイプ別に見ていきましょう!

ひらめき天才肌タイプ

ママが生き生きトライしていると、お子さんもどんどんチャレンジしていくようになります。**受験期でもテキストだけで終わるのではなく、どんどん刺激をあげたいですね。**もともと向上心も高いタイプですので、ママも向上心を持って頑張っている姿を見せることで、お互いさらに上へ高め合っていきましょう。

しっかり者タイプ

もともと勤勉で実利があることが好きなタイプ。**資格を取ると将来有利になるというような実利ポイントも伝えてあげると、お子さんも将来に向けての視点から受験を考えることができるようになります。**どんな中学に行って、どんな未来を描くかなど、一緒に考えながら勉強に取り組むようにすると、自分で考え行動するようになります。

コツコツ良い子タイプ

一緒に隣でお勉強できるのは嬉しいタイプですので、ママが勉強していると一緒にやりたいと隣で進んで勉強してくれるようになります。お子さんと一緒に進めるような学びが良いでしょう。

34 ゲームは6年生まで見据えてルールを決めよう

コロナの自粛時から一段と増え、勉強しなくなってしまったなど、ゲーム問題と受験は切っても切り離せません。お友達がゲームを持っていればゲームをしたいと思うのが子ども心ですね。また、**特にお仕事をされているママにとって、お留守番の際に時間を潰してもらうには良いツールであることもあり、お仕事ママのご家庭ではゲーム率も高いようです。**最近はYouTubeもまた、そういったことに利用されることが増えていますが、1人で過ごしてもらうのに助かるツールも、いざ受験となると頭を悩ますツールに変身します。やはり、ルールを作っておくことが必要です。

例えば、ゲームは親の目が届くところでする、約束の時間を超えたらこういったペナルティがある、などパパも一緒に家族でのルールとして、しっかり決めましょう。**大切なのはママがルールを破らないこと。**実はママの方からルールを変えてしまうことがよくあります。「テストが100点だったから今日は寝るまでやっていいよ」など、良い成績や頑張りを見ると一番喜ぶことをご褒美にあげたくなりますが、そうやってルールを崩すと、子どもの方から「塾で頑張ったからいいでしょ！」「テストで良い点だったから1時間増やして！」など要求をするようになり、お子さんが主導権を握ってしまいます。ゲームに振り回されてしまうかどうかも大人次第です。決めたルールはママも守りましょう。

とはいえ、個性によってルールへのスタンスが異なるため、ルールを破ったからといってお子さんに悪気がない場合もあります。個性に合わせてゲームとのつきあい方のルール設定をしてあげることで、ゲームでイライラさせられることが減るはずです。

では、タイプ別に中学受験でのゲームとのつきあい方を見ていきましょう。

ひらめき天才肌タイプ

ゲームも天才的。とことん夢中になるところがあり、ものすごい集中力にママもOKにしたくなるかもしれません。時間感覚もないため、時間でのコントロールも難しいですが、**1ゲームの時間をはかり、それを基準に決めるなど、必ず話し合ってゲー**

ムのルールを決めましょう。ゲーム好きのお子さんにはルールもゲーム性を持たせ、加点やペナルティも決めましょう。

しっかり者タイプ

ルールは決めれば守ろうとするタイプ。**それだけにママがルールを変えると、「えっいいの？」とルールは守らなくても良いと感じ、そこからズルズル崩れてしまいます。**時間を決めている場合は、時に時間が伸びそうになってもきちっと切ってあげた方が惑わせることになりません。文句が出ても本心ではわかってくれています。

コツコツ良い子タイプ

ルールは守らなきゃな〜と思っていますが。時間感覚がないので伸びてしまいがち、本来四角四面なタイプでないので緩くなりがちです。甘え上手、可愛いところがあり、ついついママも緩くなってしまいますが、ゲームの常習性から考えると流され時間制限が難しくなります。**５分前にアナウンスするなど促してあげるなど意識できるよう対処しましょう。**

第4章

親子関係の要はママ！

35 忙しいワーママこそ受験はうまく乗り切れる!

最近は受験生ママもワーママ率が高くなり、それに伴ってご相談も増えています。

夫婦で相談し、協力しながら受験を応援していますが、帰る時間も遅く、下の子もいるので、サポートしてあげたい気持ちはあるのに、子どもに任せてばかりの毎日です。このような状況で、周りについていけるのか心配です。

ワーママだと受験には不利なのでしょうか? お子さんに使える時間はやはり専業主婦のママの方が多いですね。ですが、**ワーママが得意とする部分を活かすことで、受験では有利な点もたくさんあります。**

例えば、ワーママのAさんはすっかり塾任せになっていましたが、子どものクラスダウンを機に、仕事のスキルを活かして受験のサポートを真剣に始められました。タイムマネジメントは得意！　お子さんがダラダラと進めていて終わりきらなかった宿題も、各教科のタイム管理とお子さんの勉強のムラを考えてその都度声がけし、自分で考え行動できるようにサポートしました。すると、なんと1ヶ月後にはママがスケジュールを立てるだけで、時間内に復習まで1人でこなせるまでに自立しました。すぐにクラスもアップし、その後さらに1クラスアップしたそうです。

ワーママであることが**不利に働くとしたら、お子さんとの時間が少ないことではなく、ママのいない時間はゲームのルールがないなど、管理が緩くなってしまうことです。**自立して行動できるよう、小さな頃から習慣をつくっておきましょう。それではタイプ別にワーママの受験乗りこなし術を見てみましょう。

ひらめき天才肌タイプママ

礼儀に厳しくしつけはしっかりしているタイプと、自由に縛ることなく育てたい放任タイプとに極端にわかれます。

厳しいタイプは志望校などの希望が高く、なかなか満足がいきません。ただ、受験もここ！　というタイミングで、スパッと仕事を減らせます。

放任タイプは早い自立をお子さんに求めます。自主性を尊重することは大切ですが、中学受験では多少管理も必要だと考え、困ったら家庭教師などプロに頼みましょう。

●しっかり者タイプママ

お子さんの勉強スケジュールをしっかり立てるタイプです。一人でどんどんこなして、時間通りに済ませてほしいと思っています。そのため、帰宅して**決めたスケジュール通りに行動できないとイライラ。**「早くして！」の言葉が出やすくなります。一人でも簡単なことはこなせるよう、習慣づけを心がけましょう。

●コツコツ良い人タイプママ

お仕事も丁寧、気配りができ、お子さんのことも手を抜きたくないタイプです。心配性で全て把握したいママは、時間があると細かいところまでチェックしてしまう傾向がありますが、時間が少ないことで口うるさくならずに済むので、お子さんも自分のペースで頑張れる時間と、ママとの勉強の時間のバランスがうまくとれます。夜遅くまで丸つけや、チェックをするなど、丁寧な所は美点ですが、**翌日小言から始まらないよう注意しましょう。**

36 自立とコントロールのバランスは個性タイプがカギ！

お子さんの自立は世のママの願いですね。しかし、受験ではある程度ママが誘導しないと宿題をこなすのも大変です。

なんとか自立させたい気持ちはありますが、結局、言わなければ宿題が間に合わず、テスト勉強も管理なしでは成績をキープできません。時に反発を見せることはあっても、娘自身も不安なせいか一々聞いてきます。ただ、最近では日常生活まで言われないと行動できず不安でもあります。

宿題やテスト勉強の管理は、ある程度ママが管理してあげることが必要です。ですが、効率ばかり考えてなにもかもしてあげる状態になってしまっていませんか？ **ママがスケジュールから何から全てを管理するようになり、気がつけば、依存的なお子**

さんを作ってしまうこともあります、時には意志さえコントロールしてしまうこともあるんです。

もし気になる状況なら、ぜひお子さんのタイプをチェックしてみてくださいね。

では、お子さんのタイプ別にマネジメントバランスを見ていきましょう。

●ひらめき天才肌タイプ

好きなことには積極的で自立心旺盛な天才タイプ。好き嫌い、得意不得意がはっきりしています。ですから得意科目は本人に任せ、得意科目で優秀な成績をとることで自信をつけさせてあげましょう。苦手科目に関しては自信もやる気も起こらないこともあるので、こちらはママが管理した方がうまくいきます。

●しっかり者タイプ

天才タイプほどの積極性はないものの、自分で考えて行動したい、自立心は高いタイプ。口出しされるのを嫌うので、**お子さん自身がスケジュールを実行し、チェックできると理想的です。**ただ、こだわりが強く、思ったように解けないとイライラする、投げ出すなどの行動が出やすいので、解決するためのルートも決めておくなど、さりげなく軌道修正する良きナビゲーターになってあげましょう。

コツコツ良い子タイプ

ママに依存的になりやすいタイプです。「どの学校に行きたいの？」と聞いても、「ママの喜ぶところがいい」「できればママに決めてもらいたい」と思っています。特に初めてのことは不安が多く、ママに依存しがちです。そんなお子さんには、「自分で決めなさい」よりも**「一緒にやろう！」**という姿勢で進めた方が早く進みますから中学受験はママがリードして進む形でＯＫです。

37

家族の時間がなくなると受験はメンタル面から崩れる

受験に一生懸命になっているうちに家族がバラバラに…そんなご家庭が増え、よくご相談いただきます。今一度家族の時間を見直してみませんか？

スポーツが得意なお兄ちゃんはムードメーカーのような存在で、家族で出かける時にはいつも明るい雰囲気を作ってくれていました。それが受験を始めてからは塾が中心の生活になり、家族の時間もバラバラに。最初は勉強も1人で頑張っていたお兄ちゃんですが、最近はダラダラしたり荒れたりするようになってしまいました。勉強のことで叱ることが増えたせいで、反発することもしばしばです。お兄ちゃんが大好きだった妹たちも最近はお兄ちゃんと一緒に居づらそうで…どうしてこんな辛い受験になってしまったのかと悲しくて仕方ありません。

仕方のないことではありますが、親子の時間が減って寂しくない子はいません。たとえお子さん中心で全ての予定を組んでいても、お子さんは、**自分だけ勉強。自分だけ塾。**そんなふうに感じていることがあります。

まして、声がけも勉強のことだけとなってくると、構ってもらっていたとしても、家で楽しそうにしているきょうだいが羨ましく思えてしまうのは当然です。「せめて塾が終われば一目散に帰りたい！」「宿題もできるなら早く終えてみんなと一緒に過ごしたい、きょうだいと遊びたい！」そんな気持ちから、勉強中も心ここにあらずの状態になってしまうこともあるでしょう。

またきょうだい関係も希薄になりやすいこの時期、勉強の邪魔にならないように引き離して育てるのではなく、時には下の子と一緒に勉強したり、教えてあげたりする時間を取れると良いですね。計算問題であれば一緒に解いて競争したり、時事問題であれば一緒に調べてみたりして、家族で受験を楽しみ、共に学び、話し合い、家庭が安心できる場所となるようにしましょう。

では、お子さんのタイプ別にどのような親子時間が必要かを見ていきましょう。

ひらめき天才肌タイプ

没頭すると周りなんて関係ないタイプなのに、**家庭内では自分中心で注目されていたい、気にかけていて欲しいと思っています。**また、好きな科目なら夢中で頑張れますが、嫌いな科目や作業などは周りが気になり、気が散ってしまいます。ですから苦手な科目では、きょうだいで競争するなどゲーム性を持たせたり、ママと一緒に一問一答をしたりして楽しく進められるようにしましょう。また、淋しいと心が折れて頑張れません。構うと調子に乗りますが、どんどん乗せてあげるくらいでＯＫです。

しっかり者タイプ

自分だけの空間が欲しいタイプで、ある程度の距離感で見守っていれれば大丈夫です。ただ、いきたい学校など、目標がはっきりしていないと、自分だけ勉強をさせられて損をしていると感じてしまいがち。周りが受験しない環境下や、親の意思で受験させる場合はお子さんが受験に意味を見出せるよう配慮しましょう。比較的寂しさに強いものの、まだまだ子どもですから、一人でできるからと任せきりにならないように注意してくださいね。

コツコツ良い子タイプ

家族の輪の中にいないと不安で、本当は、将来よりも現在の穏やかな生活を大切に思っているタイプです。受験を選択する理由も、ママが喜んでくれるなら、ママが良いと言うなら頑張る！　という子が少なくありません。

また、ストレスがかかるとそばにいて欲しいタイプですので、受験期間は寄り添うことが大切です。ママと一緒に寝ることも多いこのタイプ。特に男の子の方がその傾向も強いです。**ストレスがかかると腹痛や頭痛、爪噛みなど症状が出やすい傾向もあります。**幼児返りのように甘えてきても、ハードな受験期間は大目に見てあげましょう。

38 支えているはずのママ、お子さんを孤立させているかも

ママがお子さんを支えているはずの中学受験、構っているのに孤独になっているお子さんが増えています。そんなケースを見てみましょう。

5年生になってからというもの、悩んでいるのか自室にこもりがち。ゲームや読書中はもちろん、普通に声をかけても「勉強はしてるんだから声をかけてこないで!」と言われてしまいます。勉強の時も、わからなくて困っていそうなんですがアドバイスしようにも「うるさい! こないで!」と言われてしまって…悩んでいるなら相談して欲しいのに、反発するばかりです。どうしたら良いんでしょうか。

ママが受験のことばかりに夢中になり、かける言葉が勉強中心で、日常生活も急が

せる、注意ばかりとなると、大好きだけど頼れない、甘えられない、信じているけど何か違うと感じ、いつしか本心を言うことができなくなってしまいます。

ママの時代ならまだまだ遊んでいた年齢です。急に受験に対応できるようにはなれません。頑張れる時もあれば、頑張れない時もある。やる気の出るものばかりではありませんから、そんな時こそ余裕を持って支えてあげて欲しいなと思います。

ママ一人で多感な時期の受験生を支えるのは大変ですから、勉強面では先生、家庭ではパパにも支え役になってもらいましょう。ママ自身も一人で抱え込まず頼れる人を作っておくことが大切です。

それでは、お子さんとうまくいかなくなった時の対処法を見ていきましょう！

ひらめき天才肌タイプママ

頭の回転の早いこのタイプのママは、先のことを考えて受験も引っ張っていくスタイル。**リードは上手ですがお子さんの細かな部分に対してはざっくりした対応になる傾向もあります。**時にお子さんの心の声を聴くようにしましょう。気持ちや細かなことは苦手というママは、パパや先生に協力をお願いするといいですね。

●しっかり者タイプママ

しっかり者タイプママは、自分のサポートで成果が出ると結果を出すことに夢中になる傾向があります。

お子さんが頑張ることで結果が出る受験では、指示を出すだけで結果が得られ、ママにとっても成功体験になることで、つい成果を出すことに力が入ってしまいます。**結果を出させてあげることは大切ですが、それを実践しているのは小学生だということを常に念頭に入れておきましょう**…と、お伝えしている私も実はこのタイプ。娘を見ていなかったと気づいたのは娘が不調を訴えてからでした。特に気持ちに関して気づきにくい傾向があるので、話し合いの時間も設けて気持ちの確認をしましょう。

●コツコツ良い人タイプママ

お子さんを全力で支えようとするタイプですが、ママ自身がお子さんの状況に振り回されやすいです。**成績に一喜一憂してしまう、不調になると一気に消極的になってしまうなど、受験そのものに影響してしまうのであれば要注意。**気持ちには寄り添いつつ、受験ではブレずにリードしていきましょう。ママ自身に支えとなる人がいると安心でき、受験でもブレることなくサポートができます。

39 中学での仲間も変える！諦めず支える家庭力が

5年生の夏までサッカーをしていたため、勉強が出遅れており、辞めてからは本格的に勉強を頑張ろうと約束していたんです。それにもかかわらず、勉強はそこそこ。あまり熱心でなく、ゲームの時間がどんどん増えています。サッカーの強い中堅校に行きたいと言っていたのに、もう夢のまた夢。我が家には無理だったのだ、いけるならどこの中学でも仕方がない。そう思う一方で、好きなことであれだけ努力できた子なのだから頑張ったら変わるはずなのにと期待を捨てきれません。

高校受験や大学受験と異なり、中学受験ではまだまだメンタルも育っていない時期からたくさんの誘惑に打ち勝たなくてはなりません。お子さんの変わらない様子を見て、志望校を諦めてしまうご家庭も少なくありませんが、勉強は上手くいかないし、友達と遊びたがるから、ゲームをやめないからといった理由で簡単に諦めてしまうと、勉強によって自己肯定感が養われる機会は大幅に減ってしまいます。そうなると、**入った先の学校でもまた勉強に自信が持てず逃げたり、誘惑に流されたりする生活になりやすくなります。**多くの時間を費やすのですから、勉強を通じて小さな成功体験や、進みが遅くとも目標を目指し達成する経験を大切にしていただけたらなと思います。

必ずしもそうではありませんが、実は、言うことを聞かないし勉強も期待できそうにないと諦めて入った学校には、同じような状況で諦めてきた子が多いと言われています。逆に言えば、同じような状況下で上手くいかないことや誘惑に負けず努力した場合、最終的に進学する学校には同じように困難を乗り越えてきた友達が待っているということです。

勉強が上手くいかなくても、逃げたり誘惑に流されたりせず、諦めずに進んできた友達と一緒なら、中学でもどんどん刺激を受けてチャレンジし、大学受験でも一緒に切磋琢磨できる未来が見えてくると思いませんか？

そんな未来を歩んでもらうには、どんなサポートをしたら良いのでしょうか。ここではお子さんのタイプ別に、妥協しない、諦めないためのメンタルサポート術をご紹介します。

ひらめき天才肌タイプ

自分勝手な勉強でムラが多い、ママの話を聞いていない、自由人が多いこのタイプは、ママから見ると受験に向いていない子として映るかもしれません。ですが、好きなことへの集中力や理解の速さは受験でとても役立ちます。

このタイプには**「勉強って楽しいんだ！」**と体感してもらうことが大切です。ムラは気にせずまずは得意な所を伸ばしてあげたいですね。「凄くわかるようになった、**俺天才かも！**」と感じるような変化があるとスイッチが入るので、塾の先生に協力いただくか、軌道に乗るまで個別や家庭教師をお願いすると良いでしょう。

しっかり者タイプ

本来手応えを感じながら、目標に向かい進んでいきたいタイプ。このタイプが停滞しているとしたらそれは、成功体験が積まれていないから。努力が結果に繋がらないと「やっても仕方ないじゃん」と思ってしまいます。テストの成績ばかり気にしていると中学受験での成功体験は少なくなってしまうので、**できるようになったことをしっかり認めて具体的に褒めることが大切。**そして、目標も達成しやすいものを多く作ることで一つずつ成功体験を増やしましょう。

●コツコツ良い子タイプ

愛情不足、自信をなくしていることが不調の大きな原因となりやすいタイプです。勉強の立て直しの前にメンタルの立て直しを優先しましょう。**高学年でもずっと1人で勉強するのは寂しいタイプですので、寄り添ってあげることが大切です。**できないことの指摘ではなく、できることを褒めて育ててあげましょう。

わからない部分も一緒に解決していくスタイルが望ましいです。ママが時間を取れない時は、自習室や個別指導塾などすぐに質問できる環境を用意できると良いですね。それでもママの声がけや笑顔に勝るエネルギー源はないので、温かく見守り応援してあげましょう。

40 家庭の「掟」が家族の防波堤に

勉強以上に大切なのは、家族の気持ちやお子さんの心。些細なことが亀裂の原因となり、お子さんが傷ついてしまうケースは後を絶ちません。

勉強のさせ方が悪いなど、パパと意見が合わないことで時々言い争いになることもあり、最近、パパの息子への当たりが強くなっています。このままではどうなってしまうの？　と怖くてたまりません。ダラダラ勉強している息子も悪いのですが、「受験なんてできる能力もやる気もないんだからやめちまえ！」「最初から受験なんてしなきゃよかったんだ」と罵倒するので、子どもが怖がり、どんどん自信をなくしています。

受験では様々な障害が待ち受けています。お子さんが反抗期になり家庭内が荒れる。

夫婦で教育の方針が合わず言い争いが続く。時間が不規則になって家族がバラバラになってくる、きょうだいから構ってと言われるなど、挙げだしたらきりがありません。ママに叱られながら嫌々勉強するお子さんの様子を見て、「受験は向いていないんじゃないか」とおっしゃるパパもいるくらいです。では、どうしたらよいのでしょうか。

まず、受験前にご夫婦で教育について話し合い、役割分担を決めておくことが理想的です。家族が気持ちを一つに受験に臨めるよう、ご家庭だけの掟を作っておきましょう。朝ごはんはみんな揃って食べる。勉強は遅くとも11時まで。週末は家族一緒の時間をとるなどです。そして、**その時気をつけておきたいのがパパへの配慮です。**

パパが帰ってくるとすぐ、お子さんの勉強の進捗状況を報告をしていたIさん。一緒に応援してもらいたくて報告していたのに、パパはお子さんに「自分の受験なんだからもっと自分で努力をしろ！」とガミガミ叱るようになったそう。ご相談でパパの個性タイプが甘えたいタイプだとわかり、帰ってきた時にはみんなで「おかえり〜！」とお迎えをし、パパがゆっくりしてからお子さんの**頑張っていたところだけ報告するように変えたそうです。**するとすぐにパパがご機嫌に！　そして、週末は一緒に社会や理科の一問一答を担当してくれるようになり成績も向上したそうです。

母子で頑張る姿を応援しつつも、実は寂しいというパパも多いようです。お子さんのことで手一杯になってしまいがちですが、パパのことも気にかけたいところですね。応援パパに大変身させるべく、タイプ別パパのトリセツをチェックしましょう！

ひらめき天才肌タイプパパ

客観的にものを見ることができますが、外で頑張っている分、家では家族から尊敬されていたいパパです。基本的にはおおらかに見守ってくれます。ですが、無視されたり軽く扱われたりすると、不満が積ってしまいます。

帰ってきたらみんなで「おかえりなさい！」といつも家族の中心と感じられる対応をしましょう。パパが盛り上げ上手ならリフレッシュを担当してもらい、教育パパの場合は、なるべくパパの前で勉強をしている姿を見せ、お子さんの口から今日わかったこと、興味を持ったことを報告させてあげましょう。

しっかり者タイプパパ

お金を出しているのだから、それなりの進捗状況や努力があってしかるべきと思っています。**3分ほどの簡潔な報連相をするといいですね。**一生懸命頑張っているならば協力もしたいと思っていますが、頑張ろうとしない態度、反抗的な態度などを見ると、「お金や手をかけるだけ無駄だ！」となってしまいます。楽しく頑張っている姿を見せ、今週の成果報告などをこまめにしましょう。**疲れた時に愚痴は聞きたくないタイプです。**注意してくださいね。

コツコツ良い人タイプパパ

家族みんなが無理をしてまで受験をする必要があるのかと思っているパパが多いです。ママが必要というなら応援もしますが、お子さんに負担がかかっている、下のお子さんが寂しがっているなど、家族の関係が崩れるのは好みません。

良い人タイプのパパは、無視やスルーなど孤独を感じると心が病んでしまいます。**幼児帰りのように甘えたり、いじける行動も出てくるようです。**ぜひパパとのコミュニケーションを欠かさないように、どんどん相談しましょう。

ここからは、パパとママの不仲がお子さんにどのような影響を与えるのか、お子さんのタイプ別に見てみましょう。

●ひらめき天才肌タイプ

空気を読むのが上手なお子さんで、自然と間に入って仲をとりもとうとします。自分が頑張らなきゃと思うとプレッシャーになることも。

●しっかり者タイプ

雰囲気がわかってても不器用でうまく立ち回れません。さりげなく避ける行動をとります。勉強に逃げる、ゲームに逃げる、自室にこもるなど、自分の中での葛藤も増えるため反抗的になりやすくなってしまいます。

●コツコツ良い子タイプ

全ては自分のせいだと思いやすいので、お子さんの前で言い争いは厳禁です。家族の関係が勉強に影響しやすいタイプですから、明るく、楽しい暖かな家族を意識しましょう。家庭が円満だと成績も伸びやすくなります。

41 パパがわかってくれない！そんな時どうしますか？

私はできるだけ本人の希望に沿った志望校を受けられるように、多少無理をしてでもやるべきだと思うんです。ですがパパは、自ら勉強しなくちゃ意味がないんだから、そんなに強制で勉強させるもんじゃない！　そう言うんです。でも、手をかけなきゃ宿題も終わらず、テスト勉強までできません。小学生が自分1人でやる努力レベルじゃいける学校なんて今時ないのに…いつも平行線の言い合いです。最近息子が「俺が頭悪いからダメなんだ」と言い出したのでそれも心配で…。

実は想像以上にパパとママとで勉強についての考え方が違うことが多いのです。考えの差がすれ違いにつながる前に、解決しておきたいですね。

パパは**受験というと高校受験、大学受験をイメージすることが多く、**ママがスケジュールを立てたり、一つひとつチェックしたりしているのを見ると過保護に感じてしまいます。宿題もなかなかせず、ママに叱られているのに漫画を読んでいるのを見れば「ヤル気がないのか！」となるのも頷けますよね。

また、中学受験の過熱ぶりを心配して、遊ばせた方がいいと考えるパパや、逆に、教育熱心で何時間も勉強を見てくれるパパもいます。教育パパの場合、夜遅くまで続く勉強に不安を感じるママも多いです。

ではどうしたらいいのでしょうか。パパのタイプ別に、受験方針に対する考え方の傾向チェックと合わなかった場合の対処法をみていきましょう。

ひらめき天才肌タイプパパ

意見は夫婦で合わせたいですが、全てを伝える必要はありません。**パパが中学受験を理解できるように、大切なポイントだけ共有しましょう。**パパ自身が勉強のできるタイプですので勉強のできない状況が理解しにくい傾向があります。また、受験となると志望校はかなり高めの設定となります。ライバルがすでに私立小に通っているかということ、勉強のスタート時期が違うことなど、まるでお構いなし。到達するまで勉強すればいいだけと考えます。でも、パパの考え通りに行動できるのはもっと大きくなってからです。中学受験はプロに従っていた方が近道であることを強調して、任せてもらいましょう。そしてパパには一緒に理科実験や実際に世界遺産を見にいくなどの体験的な学習をしてもらったり、リラックスタイムを一緒に過ごしてもらったりと、学習効果を高めるサポートに回ってもらいましょう。

●しっかり者タイプパパ

納得しないと、後々うるさくなるタイプです。最初に塾や受験状況など、ある程度リサーチして相談しましょう。目標を持って勉強し、達成して欲しいタイプですので、**パパの前では勉強するなど、目標に向かい努力している姿を見せましょう。**だらけて勉強しない姿、やる気のない態度を見ると、やってもついていけない状況じゃお金がもったいないという意見の出ますから、上手に報告することが大切です。

また、何の連絡もないままでも文句が出てきます。**週に一度くらいは報連相をしましょう。**この時、良いこと8割、課題2割くらいで報告し、課題に関しても塾の先生と連絡を取っているなど、しっかり取り組んでいる感じを出しましょう。できない点ばかり報告すると、「無駄だしやめたら?」と短絡的な言葉が出てきてしまいます。頑張っている姿を見せるように心がけましょう。

コツコツ良い人タイプパパ

パパから受験を希望している場合を除き、比較的任せてくれるタイプです。相談にも乗ってくれ、応援してくれます。ですが無理をさせているようだと、中学受験の必要があるのかと不安を感じてしまいます。家族が大切なタイプですので、仲が悪くなるような状況や、受験に夢中になりパパのことをないがしろにする状況がつづくと、受験に反対となります。先ずはパパが安心できる状況をつくりましょう。

頼られると嬉しいタイプですから、**こまめに相談すると、色々手伝ってくれます。**受験経験があれば、できるまで気長に勉強を教えてくれるなど、お子さんにつきあうタイプで、ママも大助かりです。ただ、**パパ自身マイペースで、指導時間が伸びる傾向があります。**他の教科のことも考えると、時間がたりなくなってしまうので、ママがある程度お子さんを考えた時間管理をしてあげましょう。

42 受験期こそパパを立てよう

パパを立てるようにと聞いて実践してから、子ども達への声がけが優しく、一緒に歴史マンガを読んでくれるようになりました。そのおかげで、息子も元気になり勉強も進んでしてくれています。自分がどう接するかということばかり考えていましたが、もっとパパに認めてもらいたかったのだと実感し、今はパパをどう使うかということばかり考えてしまいます（笑）。

実はこれ、よくある話なんです。**子どもばかりに夢中になり、パパのことは片手間。**ママの頭の中が中学受験でいっぱいになると、「忙しいんだから自分のことは勝手にして！」とパパがいない方が楽という雰囲気を出してしまいがちです。こうなるとパパも寂しいのはわかりますよね。**「受験なんてしなくていい！」とパパが思ってしまうのも自然なことです。**パパには応援者でいてもらいたいですね。

ここではママがついパパにとってしまう行動の傾向と、パパがノリノリになる立て方術を見ていきましょう。まずは、ママがついパパにとってしまう行動の傾向から。

ひらめき天才肌タイプママ

お互い自立した関係が好き、お子さんにも自立を求めますが、受験ではそれなりに良いところも目指したいので受験生を放ってはおけません。**その分パパを放っておくことになるので、注意しましょう。**一家の中心になるようなパワーがあるママ。明るく楽しい家庭が家族の安心の場になります。

しっかり者タイプママ

受験はきっちり進めるタイプ、十分頑張っているんだからちゃんと評価して欲しいと思っています。役割分担をして協力してくれると、それなりに感謝の言葉も出てきますが、**何もしてくれないなら、自分のことは自分するのが当たり前でしょと思ってしまいます。**パパの言葉や気持ちをスルーしてしまうところがあるので、せめて話を聞くくらいのことは意識してしてあげましょう。

コツコツ良い人タイプママ

家族を大切にするママですので当然パパにも愛情を持って接しますが、**受験という特殊な環境ではお子さんに100%のめり込みやすいところがあります。**そうなるとパパの声も聞こえなくなるようです。親ならば子どもに100%になるのは当たり前くらいに思っていますから、パパの不満が理解できません。男性は親であっても子どもより自分の方を大切に思って欲しいものと思っておきましょう。また、のめり込みすぎてないか時々俯瞰してみましょう。

次にパパがノリノリになる、タイプ別パパの立て方術です！

ひらめき天才肌タイプパパ

誰より、尊敬されていたいパパです。ママも日頃から、お子さんに「パパは凄いね」とパパ自慢をしましょう。受験期の対策としてはパパが帰ってきた時、その時だけで良いのでみんなで「おかえり〜！」と喜びを表してあげるとパパはご機嫌！　**大切なのは家族の中心であることが伝わる対応です。**また、受験の気分転換にイベントを企画してもらうのも良いでしょう。

しっかり者タイプパパ

信頼されたいパパですので、簡単な報告を欠かさなければ大丈夫です。無理に自分に合わせなくても、それぞれに頑張ることが大切。ただし、愚痴やダラダラした話が苦手なので、帰ってきていきなり愚痴はNGです、一人の時間も必要なタイプですから、**パパが一人になりたそうな時は声をかけない方が良いですね。**

コツコツ良い人タイプパパ

気配りができる愛情いっぱいのパパ。家族の和が大切です。勉強バトルは仕方ないとわかっていても苦痛です。しかし、ママへの遠慮もあり何も言えません。**そんな不満が蓄積してくると突然爆発することになりかねません。**パパの前では親子で楽しく頑張っている姿を見せてあげましょう。楽しく頑張っている様子を見ればいくらでも協力したいパパです。

43 受験期のきょうだい、引き離してしまっていい？

よくご相談いただくのが、きょうだいが邪魔をする、周りで遊んでいると気が散って勉強に集中してくれない。なんとか引き離せないかと悩むママも多いですね。

1人で勉強させておくと緩んでしまうので、上の子に一緒について勉強を見てあげたいのですが、そんな時に限って下の子が遊んでと抱きついてきます。タイミングの悪い下の子にイライラするし、上の子にもちょっとは自分でして！　と腹が立ちます。なんとか引き離して勉強させていますが、みんなストレスフルです。どうしたらいいでしょうか？

長期間に及ぶ受験では、きょうだい関係は無視できない問題です。

我が家の娘たちが中学に進学した時の話です。長女と同じ中学に進学した次女ですが、お姉ちゃんと一緒に通学したくて同じ学校を目指したという言葉と裏腹によく口喧嘩しながら通学していました。よくもまあ毎日喧嘩していられるなと思っていたのですが、その姿をみた長女のお友達から「仲がいいね、私なんてもう2年、口をきいてないよ」という言葉を聞いて、驚いてしまいました。

実は中学受験をきっかけにきょうだいの会話が減るケースは少なくありません。受験時、上の子の勉強の邪魔にならないよう良かれと思ってパパが下の子と遊んだり、テレビを見せたりして、ママが上の子の勉強を見る。たまに遊んでも喧嘩になりそうならママが仲裁に入り、こじれないよう橋渡しをする。

そういったことを続けていると、**次第に気に入らないことなどの要求があればママを介して伝えるようになります。**そんな生活が2年も続けば、兄弟姉妹では話さなくなってしまいますね。

受験期は一時のことですが、きょうだい関係は一生続きます。この時期に関係が希薄になったことで将来助け合えるきょうだいを失うというのは残念なことですよね。ぜひここで、ただ引き離すのでない方法を考えていきましょう。

●ひらめき天才肌タイプ

自分は自分、他人は他人。きょうだいがいてもしたいことがあれば夢中になれるタイプです。二人でいてもバラバラに行動したりと、下の子に興味がなさそうに見える部分があり、勉強でも何でも夢中になっている時は邪魔されることを嫌います。ですが、実は尊敬されていたいという気持ちがあり、下の子に勉強を教えてあげたり新しい遊びを教えてあげたりと、少し一方的ですが可愛がってくれます。ただ、**ストレスがたまり、ママの愛情が下のお子さんに向いてそうだと感じると、下の子の上に立とうとする傾向があります。**下の子にいばったりしている様子を見ると引き離したくもなりますが、引き離すのではなく、ストレスのかかっている状況を改善しましょう。

●しっかり者タイプ

勉強は自分の部屋などで一人でないと集中できない、邪魔されたくないタイプ。自分の教材に触られるのも嫌。面倒見の良いタイプですが、邪魔をされたり、自分のものを勝手に触られたりすると、**「あっちいって！ 来ないで！」**と怒り出すことも。ただ勉強が終わればそれも無かったかのように仲良しになれます。ストレスがたまると焦ら立ちやすく、当たり散らすこともありますが、きょうだいで遊ぶことが良い気分転換なります。自分の時間ときょうだいとの時間にメリハリをつけてあげましょう。

コツコツ良い子タイプ

このタイプは面倒見もよく優しいので、下の子からも慕われますが、**きょうだいに構ってあげたい、遊びたくて気が散りやすいのが難点。**また、ママがいないと勉強が進まないところもあり、ママも他の子のお世話ができず困ります。

しっかり者タイプママ、天才肌タイプママは、お子さんの優しい気質に一人で頑張ってとなりやすい傾向があり、コツコツ良い人タイプママは一緒にいないと勉強が進まないお子さんに合わせ、下の子をパパやテレビなどに任せる傾向があります。どちらにしても家族の中にいたいお子さんにとって勉強は寂しさと隣り合わせ。勉強のストレスはもちろんですが、孤独がストレスになるタイプです。一番良いのは家族の中で認められ、応援され勉強できること。せめて家族全員で過ごす時間を作りましょう。

44 きょうだいが互いに成長できる受験にしよう！

お兄ちゃんの受験で何から何まで手がかかっており、受験の苦労がわかったので、弟も今から習い事や読書など早期学習もさせたいのですが、放ったらかしになっています。弟の方が何事も才能があるので手をかけたい気持ちがあり、いつまでも手のかかるお兄ちゃんにイライラしてしまってます。

できるものなら、受験期であってもきょうだい一緒に成長してほしいですよね。上の子の勉強も捗り、下の子も楽しんで過ごせる日々。そんな理想を抱く一方で、上手くいかなくて、「少しは一人でできないの？」「手をかけさせないで！」と一人イライラを振りまく日々になってはいないでしょうか？

上の子が終われば次は下の子、となるご家庭も多いはず。そうなると受験期間は3

年では終わりません。

中学受験を機にお互いが高め合う環境作りをしておくと、中学や高校、大学に進学してからも意見を交わし、色々な価値観を共有できます。

●ひらめき天才肌タイプ

上の子：下の子の憧れとなるようお兄ちゃんは凄いね、○○は誰にも負けないね、などの声がけを日頃から意識しましょう。

「お兄ちゃんの集中力凄いね、勉強のお手本にしよう」「お兄ちゃんみたいに算数のプロになろう！」とにかくお兄ちゃんの自信をしっかりつけてあげましょう。自信がないと、下の子に対するマウンティング行動につながりやすいので、根拠のない自信も大いなる力として褒めてあげましょう。

下の子：天真爛漫な様子は誰からも可愛がられ、愛されタイプ。それに調子に乗るかのように「どっちが凄い？」など上の子に勝ちたい気持ちもあからさまです。実際上の子より要領良く理解も早いところがあります。ですがそんな様子は上の子にはちょっとうるさく感じるかも。集中したい勉強の時は、下の子には大好きなおもちゃで遊んだり外遊びなどをしてもらい、計算や漢字の勉強の時は一緒にドリルなどを解いていてもらいましょう。好きなことをリスト化しておき、上の子の勉強内容に合わせ組み合わせると、同じ空間でも一緒に過ごすことができます。

しっかり者タイプ

上の子：3つのタイプの中では一番自分の部屋を欲しがるタイプです。小さな頃から自分の空間を大切にし、下の子に邪魔されることを嫌うところがあります。遊ぶものはもちろん、**本や一緒に調べられるような図鑑などは共有スペースに置いて、下の子も一緒に取り組めるようにしましょう。**

下の子：小さな頃からしっかり者、一人でなんでもやろうとしてくれるので上の子の邪魔にはならないタイプが多いです。**一緒に勉強させると下の子の方がしっかりやってくれるところがあり、上の子の刺激にもなります。**少し先取りをさせて上の子と一緒にさせても大丈夫。また一人で勉強もできているなら、上の子に手をかけていても構いません。

コツコツ良い子タイプ

上の子：上なのに、**幼さがあり、ママは少し心配。**ママの言うことにも素直で勉強を進めやすいタイプですが、下の子が遊んでいるとつい遊びたくなってしまいます。きょうだいで一緒にできることはなるべく一緒にさせてあげましょう。

下の子：おしゃべりですが、気の優しい子です。ママがお願いすれば一人で遊んでくれるなど協力的ですがその時間は長くなく、気がつけばママの近くにきたり、上の子と遊びたがったりします。**とにかく構って欲しいタイプですので、習い事など少し外に出る時間を作るのも良いでしょう。**

３人姉妹だった我が家。長女の受験の時は、次女が三女と庭でお花をつんだり、うさぎの世話をしたり、絵を描いたり、図鑑を見たりと一緒に遊んでくれて助かりました。そして次女の受験の際は長女が次女の勉強を見てくれ、一緒に勉強を進めていたので私は３女のお世話係。今も、長女は大学受験まで妹たちの勉強を見てくれ、私に言えない悩みもやりたいこともいつも３人で話しています。下の子の勉強を任せてみるなど、あえて姉妹で関わるようにしたのも今ではよかったと思います。

45 親子関係が悪いと成績を下げる！

塾にいる時間と家庭での学習時間、どちらが長いでしょうか？　学校やその他の学びも含め、家庭学習の時間の方が長いのではないかと思います。受家庭での学習環境次第で成績は大幅に変わります。

小さな頃から習い事も塾もつきっきりで見てきて、1〜10まで手をかけてきたこともあり塾ではトップクラスでした。ですが5年生になってから、「ママうるさい！　勝手に決めないで！」と私を遠ざけるように。塾に行かないと言うなど、いちいち反発してきます。見ていないと時間ばかり取って捗らない勉強になり、案の定テストは点数が取れなくてボロボロ。自信をなくしている姿になんとかしてあげたいと思うのですが、言うことを聞いてくれません。小さな頃からなんでも私が決め、叱りすぎたせいでしょうか？

お子さんが自主的に勉強する日はいつ来るでしょうか？　もし3年生や4年生で強制的にさせているのだとしたら、5年生、6年生で自主的に勉強するようになることは少ないです。高学年では反発も出てきます。そうでなかったとしても、ママが多大なストレスを抱えることになるのは、想像に難くありません。

大切なのは、6年生になった時にママの意見をちゃんと聞き入れてくれる関係を築けていること。模試や過去問演習が増える中、お子さんだけで勉強を進めていくことはできません。ママの関わりなしでは全てをこなせませんから、素直に意見を聞き入れてもらえるよう信頼関係を築いておくことが大切です。

そのために知っておきたいのが、**お子さんがたとえ真面目に勉強をしても褒められることの少ない環境にいるのだということです。**塾に行けば上には上がいますし、多くの小学校では私立中学の受験を推奨していませんから学校でも褒められません。褒めてもらえるとしたら？　そう、ママだけなんです。そのママからも褒められなかったら「勉強をしても良いことなんて何もない！」となってしまいますね。

まして、頑張ったのに褒められもせず、ダメ出しだけされたらどうでしょうか？　これはママの家事でも同じことが言えると思います。想像してみてください。家の人以外から「お料理上手ね！」なんて、お招きでもしなければ言ってもらえません。家族に「ご飯が美味しい！　今日はお部屋がスッキリで気持ちいい！」と言われず、「今日の夕食手抜きだね。まだアイロンかけてないの？」などダメ出しばかりされたら、「明日は勝手にして」と言いたくなりますね。お子さんも同じです。

まずは、それくらい当たり前と思っていることも褒めてあげましょう。**私のメソッドでは、否定の言葉を全て叶えたい未来像に変えて声がけすることで「できない」すり込みを減らし「できる」未来イメージを作っています。**では、タイプ別にお子さんの理想のママ像を見ていきましょう。

ひらめき天才肌タイプ

お子さんが築きたいのは尊敬される関係。自分で考え動く自由時間がないとストレスが溜まるタイプなのでいちいち口うるさく言うのはNG。おおらかに接しましょう。ママには自分にはないすごいところがあり、自由を認めてくれる存在だと思うと、素直に意見を聞き入れてくれます。**成績が落ちたくらいではビビらない肝っ玉母ちゃん**

くらいが安心です。

しっかり者タイプ

お子さんが築きたいのは信頼関係。嘘や曖昧、いい加減が大嫌いです。今日は算数の基本と国語の読解と決めたら、予定より早く終わっても追加しない。ゲームや日常のことでも決めたルールを変えない。**子どもにだけルールを守らせ、ママが守らないのはあり得ません。**ママには言ったことを守る人であって欲しいタイプですから、期待を裏切らないようにしましょう。

コツコツ良い子タイプ

お子さんが築きたいのは愛情関係。愛情がエネルギーでもあるこのタイプは常にママにそばにいて欲しいくらいママが好き。**おしゃべり好きで家族の安心の中でスクスク育つタイプです。**受験期のストレスに弱いため、受験が始まると以前より甘えるようになります。勉強も見ていてあげれば進められるので、受験期間は早く自立して欲しい気持ちがあってもそばで見守ってあげましょう。

46 お子さんのポジティブ脳はママ次第

宿題が終わらない、成績がなかなか上がらない…と、いつも私が焦っていて、子どもの顔を見れば小言ばかりでした。ですが教えて頂いた通り、笑顔とポジティブな声がけを続けていたら、妹は手伝いが増え、兄も自ら勉強を始め、塾でも積極的に質問するなど、家族の行動が変わってきたんです。パパも子ども達を応援してくれ、宿題がサクサク終わるようになりました。家族で受験って楽しいのかもとワクワクした気持ちになっています。

ママが明るければ家庭が明るい。そうわかっていても、「まだ勉強しないの?」「こんな簡単なとこでどうして間違うの?」「授業ちゃんときいてきた?」そんな言葉は受験生のご家庭では日常茶飯事です。

心も体も成長期のお子さんは自分自身をうまくコントロールできません。頑張ろうという気持ちはあるのに、「また算数か…」と思うだけで動きたくない、やりたくない。そんなふうにこの時期の子どもは負の状態に傾きやすいと言えます。**そういった状況で頼みの綱となるのはママの明るさです。**小さな失敗などに揺れることなく、ポジティブに考えられるママがいると、お子さんも自分を責めることなく前向きに考えていけますよね。**そもそも塾についていけなければ受験失格な訳ではありません。**塾なんて山ほどありますし、個別指導塾も家庭教師もあります。

ママが明るくなれば、パパもお子さんも安心です。特に朝は1日のスタート。前向きな気持ちで一日を始められるよう、明るい声がけをしましょう。これだけでもお子さんの良い部分がたくさん見つかります。ぜひ試してみてくださいね。

ひらめき天才肌タイプママ

ママ自身はとても前向きで明るいのに、お子さんへの指摘が厳しい面があります。ブランド志向なこともあり、**求めるレベルが高く、崖から突き落とし這い上がってくる強さを求めてしまいます。**タイプの違うお子さんではそれはストレスでしかないため、明るいママについていきたくてもついていけません。ぜひ、明るさと同時に待つこと、緩めることもプラスしてあげましょう。

しっかり者タイプママ

性格は明るいけれど、会社のようにちょっと事務的。冷たく感じてしまいます。**また指摘が的確すぎて反論の余地がないため、**お子さんが追い詰められやすくなってしまいます。時に冗談や笑いも入れて和ませてあげましょう。意識しないと次々ダメ出しをしてしまう傾向があるので、プラス面を見つける習慣をつけたいですね。

コツコツ良い人タイプママ

明るくいたいけれど、知らない世界は不安でいっぱいというタイプです。だからこそ万全にしないといという気持ちから、**塾から言われたことは全てさせなきゃとなりがちです。**

安心して明るくサポートするには、塾の先生や受験経験のあるママが側にいることが望ましいです。**特に、担当の先生と仲良くなっておくといいですね。**

47 受験期に一番揺れ動くのはママの心

勉強のこと、子どもの反抗期、上がらない成績。なんとかしないいとと焦ってばかりです。そんな自分にも疲れてきて、受験のストレスで鬱のように何もできなくなっています。

一生懸命やってきたのにどうしても上手くいきません…。何がいけなかったのでしょうか。

実は増えている**受験鬱**。お子さんが追い込まれるケースもありますが、お子さんが反抗期になるとママがストレスで行き詰ってしまうこともあります。

ママなりに精一杯やっているのに、お子さんがヤル気を出さず反抗的な態度をとる、思ったように勉強が進まない。そんな姿を見て、自信を持っていられるママなんていません。「この子は受験に向いていないんじゃないか」「私が強制してるだけで本当はしたくないのではないか」そう思われることもあるでしょう。

成長期のお子さんは普通に育てるだけでもストレスのかかる時期。**実は受験を諦めるのはママの方が先です。**諦めない力を持って欲しい、乗り越える力を持って欲しいと願う一方で、お子さんの様子に心のどこかでママの方が諦めてしまっているのです。

「他の子も同じように大変な中頑張っているんだよ」

よくお子さんにいってしまうこの言葉。それはママも同じです。これまで四八〇〇人の受験相談をしてきましたが、ほとんどの方がうまくいかなくて悩んでいます。成績がどんどん落ちていく、親子で衝突して追い詰めてしまう、成長期ですぐ寝てしまう、ゲームが止められない、反発していうことを聞いてくれない。そんな悩みを抱えながらもみなさん受験に向き合っています。

中学受験は少し特殊で、他のお子さんの様子も、他のママの悩みも様子もわかりません。隣の芝生は青く見える怖い世界です。そんな状況では、自分だけ、地雷だらけの中を歩いているように次々ぶつかる問題に孤独を感じることもあると思います。今はサークルやお茶会といった、同じように中学受験をするママと相談できる場所がありますから、ぜひ悩みを共有して、一人で苦しまないでいただきたいなと思います。塾の先生にもどんどん頼っていきましょう。

ひらめき天才肌タイプママ

高い希望でも諦めることなく進む天才肌タイプママですが、思い通りに動いてくれないと諦めが早いタイプです。ですが**受験そのものを諦めるのではなく、プロに任せようとするタイプ**。その方針はお子さんも安心して進めて良いのですが、お子さんに期待はしていないけれど目標は諦めたくないという気持ちが伝わりやすいので要注意です。現実を客観的に見ることと愛情は別と割り切れるママと違い、見放されたと感じる子もいますのでしっかり愛情を伝えてあげましょう。

しっかり者タイプママ

マイペースに進もうとするタイプですので、お子さんが、思い通りに動いてくれず、スケジュールを実行しない、成績が下がるなどが続くと予定が狂い少しパニックになっていきます。先が読めなくなると、自信もなくなってしまい、一気に行動も弱気に。お子さんにも**「もう志望校下げるからね」「もう塾やめたら？」**など最後の脅し文句が出る人もいます。期待がなくなると態度に出てしまうため、お子さん自身からの「もうやめる」という言葉につながりかねません。

ママの期待値より低くても共に進めているならば、できたことを一つずつ積み重ねることに意識を向けましょう。

●コツコツ良い人タイプママ

一番揺れてしまうのはこのコツコツ良い人ママ。塾の宿題をしっかりさせないと、と思って実際させていますが、その反面、**「もっと小学生らしい生活が本当はいいのでは？」「こんなに勉強させて本当に必要なこと？」「私が苦しめているの？」**といった気持ちがあり、いろいろな場面で気持ちが揺れてしまいます。

そのため、成績不振や反抗的な態度が続くと、全て私の選択ややらせ方が悪かった、志望校も私のせいで目指せなくなったと諦めがちです。ママが揺れるたび、お子さんも受験に迷いが出てしまいます。良い人タイプママは誰より頑張るタイプ。思い切ってやり切った方が楽しく、良い受験になります。不安な場合はパパや信頼できる人、勉強面では先生に相談しましょう。

第5章

中学受験、その先へ

48 受験直前、当日に気をつけたいこと

入試で実力を発揮してもらいたい！　そのための直前期の対応、気になりますよね。特にテストや模試になると普段通りの力が出せていないと感じるお子さんに焦りは禁物です。過去問や勉強の確認はしますが、無理な詰め込みやできないところの注意ばかりにならないようにしましょう。

本番に弱い子ほど、ママの注意が多い傾向があります。直前期はできない部分を叱って直す時期ではなくなっていますので、褒めてできる部分を増やしていきたいですね。また、受験期直前は学校を休まれるお子さんも多いですが、勉強がダラダラしてしまっては入試で困りますから、勉強する時間とゆったり読書などする時間のバランスを取るようにして、体を休ませつつ、しっかり勉強していきましょう。**直前期に焦るのは意外にもママの方だったりします。**ママが焦るとお子さんにも焦りが伝播してしまいますから、個性タイプの面からもお子さんを知ってゆとりを持って過ごしまし

ょう。

ひらめき天才肌タイプ

いよいよとなると馬力の出るタイプで、最後の追い上げ力が高いです。勝ちにこだわるところが強みで、合格するイメージを持つと粘り強く、勉強を続ける事ができます。気をつけたい点はプレッシャーをかけ過ぎないこと。「やらなきゃ…！」と自分にプレッシャーをかけるタイプなので、それ以上に期待されたりすると本番での失敗を恐れるようになります。**天真爛漫な様子が見えても試験が最後の勝負と感じているので、焦らせないようにしましょう。**入試前の休みの際には、過去問演習はきっちり時間を守り、好きなことに集中する時間はゆったりととってあげると安定します。うっかりしたところがあるので、試験前日の忘れ物チェックはママがしてあげてくださいね。また、本番で持ち前のひらめきが発揮できるように1ヶ月前からは夜型のお子さんも朝型に替えましょう。

しっかり者タイプ

最後まで目標を立て計画的に進むことで安心、安寧が得られるタイプ。日常をあまり変えないことで、体が自然と動くというようなリズムができると良いでしょう。入試前の休みもタイムスケジュールも立てて進め、毎日着実に前進していると感じられるような環境と声がけが大切です。**試験前にはこれまでの成長とやってきた努力を確認し、前日の持ち物もしっかり自分で準備させてあげましょう。**心の準備をしっかりしておくことで、本番も落ち着いて取り組み事ができます。試験当日アクシデントがあると良い緊張が切れてしまいやすいので、ママはルートや手順確認をしてスムーズに試験に望めるようにしておきましょう。

コツコツ良い子タイプ

模試での結果が出ないと、大きな不安を抱えながら勉強している状況になりやすいタイプです。もともと自分に自信がなかなか持てないタイプですので、ママの焦りや、不安をキャッチしてさらに不安になります。**3つのタイプの中でも一番本番に緊張するタイプですので、家族みんなで応援しているよ！　きっとうまくいくよ！　と日々励ましてあげることが大切です。**ママが不安や焦りがある場合、塾の先生や受験の先輩に相談に乗ってもらなどして、ママ自身がブレないようにしましょう。**試験前日は勉強を詰め込むより、ゆったりと過ごすのがオススメです。**何度も何度も見返した教材が安心させてくれますので、心を落ち着かせるために試験会場へは使いこなした教材を持っていくといいですね。また、生活のリズムができるのに時間がかかるタイプで、集中するまでの時間もかかりやすいので、３ヶ月前くらいから朝型に切り替え、試験当日は早めに起きて準備しましょう。

49 合格、不合格…どう対応したらいい？

合格すると思っていたお試し校に落ちてしまい、その後なんとか1校合格したものの、本命校もダメなのではないかと不安で、なんとか必死に勉強させてきました。ですが本命校も落ちてしまい、もうどこに合格できるかわからず不安で、受けられる限りの学校を受験すべきなのかと思っています。息子もしばらく部屋から出てこず、もうどこも受からないという気持ちになってしまっているようです。どうしたらいいでしょうか？

入試は長い間頑張ってきた受験勉強の集大成ですが、どんなに頑張ってきても3倍の倍率なら3分の2のお子さんが不合格になります。残念ながら不合格…ということもありますね。お子さんが不合格となってしまった時こそ、ママのメンタルが大切です。ママがお子さん以上に落ち込んだり、焦ったりしてしまっては、お子さんも心が立て直せず、次々うまくいかない結果となってしまいます。

中学受験は確かに新たなステージで、お子さんの未来に影響はありますが、お子さん自身の行動でその先をいくらでも変えていけるものです。高校受験をするという選択肢もありますし、塾も揃っています。大学でのリベンジもできるので、あくまで通過点です。中学受験での合否だけに意味があるわけではないことを心に留めておいてくださいね。

先のママは、ご相談を受け話されているうちに落ち着き、お子さん以上に焦ってしまっていたと気づかれました。少し休む時間を取れるよう午後の受験をやめ、パパとも話し合って落ち着いていこうと仕切り直したところ、２回目の日程で志望校に合格、そのほかの学校も合格したことで自信の持てる経験になったとご連絡をいただきました。

ママが動揺することでお子さんの自信を削いでしまうのは不本意ですよね。ママこそ平常心です。ではママの傾向、心の準備の方法から見ていきましょう。

ひらめき天才肌タイプママ

人目が気になって志望校が高い傾向があります。また、落ちてもいいからチャレンジすることが大切で、失敗を乗り越えて強くなって欲しいと思っています。ですが、子ども達の中には不合格から気持ちを立て直せず、次々落ちてしまうお子さんもいます。**ママが思うほどメンタルが強くないのが子どもです。**どうしても行きたいという学校以外は、無理な受験にならないよう受験校を決め、合格をとって安心して最後まで入試に臨めるようにしましょう。事前に落ちも想定し、この学校に落ちた時には次の受験校をあの学校に変える、といった具体的な計画を立てておきましょう。

しっかり者タイプママ

現実的なこのタイプのママは、受験校が合格ラインかどうか、なんとなく感じているはず。お子さんが受けたいと言えば応援しますが、合否に関してはかなり冷静です。終われば次の準備と淡々と進めるタイプなので、お子さんも気持ちが切り替えられてとても良いのですが、**最初から期待できないと思っていると言葉や態度に出やすいのが難点です。**そんなところもあり、不合格の際、お子さんの気持ちに寄り添うのが苦手です。どう寄り添って良いか分からない場合は、パパや先生のお願いするといいですね。

コツコツ良い人ママ

不合格の時、本人以上に傷ついてしまうタイプです。自分の受験のサポートが悪かったんじゃないか、無理をさせたのではないかと全て自分のせいのよう思うところもあり、お子さんを励ましつつも、ママの方が深く沈んでしまいます。ですが入試は続きます。**ママの気持ちの切り替えが受験のカギになりますので、不合格の時は頼れる先生にすぐ相談して、気持ちを切り替えましょう。**

また、行かせたかった・志望校が不合格だとお子さん本人が納得していても後悔の念が残るタイプです。周りのママの目が気になってしまったり、学校で良くないことがあるとあの時こうしていたらと思ってしまったりしますが、お子さんを信じて、気持ちを切り替えましょう。

さて、お子さんの対応が大切ですね。次は万が一不合格だった時の、お子さんの対応を見ていきましょう。

●ひらめき天才肌タイプ

人前で強がっても半端なく落ち込んでいます。少し気晴らしができる環境に連れて行って気分を上げることも良いかと思いますが、翌日にも試験が控えている場合、思い切り泣いて次に備えたほうが集中できるので、ママも一緒に悔しがるくらいでOK。ひと泣きすれば、次の入試に向け勉強を始め出します。次の学校ならどんなことがやってみたいなど、この中学意外に合ってるね！　ともはや最初からそこが第1志望校だったかのように話して気持ちを切り替えましょう。**ひらめき天才肌タイプは第1志望校以外は興味もないし、もうどこでもいいや！　というお子さんも多く、しっかり気持ちを切り替えてあげることが大切です。**尊敬する先生の一言があるだけで気持ちが切り替わるタイプなので、なかなか気持ちが切り替えられない場合は先生にお願いしてみましょう。**第1志望校が高すぎる場合、不合格に備え、第2志望校も見て長所や進学したらやってみたいことを話し合っておくことが大切です。**

●しっかり者タイプ

頑張ってきたのに、落ちてしまうと自信をなくして、わかっていてもすぐに切り替えができません。**チャレンジすれば落ちる子もいること、まだ次があるから大丈夫だ**

ということを、過去問や模試の結果など根拠を示して再確認させてあげましょう。可能なら先生に、十分可能性があると言ってもらえると良いですね。また、ママが悪かったからなど後悔している様子や、落ち込んでいる様子を見せないようにしましょう。明るく、さあ次頑張ろう！　と進めていきましょう。

コツコツ良い子タイプ

不合格になると、本当にどうしていいかわからず不安でいっぱいになります。

自分を信じることができなくなる子もいますので、みんなで励まし、勇気づけてあげましょう。ママが不安になったり、落ち込むとすぐに感じ取って、自分には無理だと思ってしまう傾向もあり、結果を伝える前にママのメンタルを次の受験にのぞめるよう立て直しておきましょう。**試験直前は勉強以上にリラックスが大切なので、前日の勉強は確認程度にとどめ、家族でゆったり過ごすのがいいと思います。**不合格になると心が立て直せず次々落ちやすいので、志望校選びの際は余裕で合格できるところも候補に入れておき、いくつか受験パターンを作っておくと安心です。

50 中学に進学してからこそ深めたい親子関係

ずっと二人三脚で頑張ってきて志望校に合格できたのに、2学期の終わりくらいから娘が学校へ行きたがらなくなり、今は勉強もほとんどしていない状況です。反抗期に入ったのか口ごたえばかりで、言葉遣いもひどく、喧嘩が絶えません。今まで素直な子だったのに、頑張って入った学校をやめることにならないか心配です。どうしたら良いでしょうか?

大変だった中学受験を終えたママ、お子さんにつきっきりの生活が終わりご自身の時間も取れるようになった開放感や、受験が無事終わったことに安堵をされるのではないでしょうか。ですが、進学してからの世界はお子さんにとって初めての世界、環境も大きく変わります。受験期と違い、勉強も一人で考え進めなければいけません。もうちょうどその頃思春期を迎える子も多く、思い通りにならず苦しむ子もいます。

安心、これからは自立してくれるだろうと思うママの気持ちとは裏腹に、中学に入ってからもママの心の支えが必要です。

実は中学受験時の過ごし方が原因で、ママに相談ができなくなるお子さんが多いのです。中学受験時にママとの会話は勉強のことばかり、そして叱られてばかりとなると、本当に相談したい辛いことも否定されてしまうのでは？　と話すことができなくなってしまいます。まして、中学に入った途端、急に自立を求められると、なおさら相談できませんよね。そのような状況になると自信を失ってしまい、せっかく頑張って進学した学校に通えなくなるケースもあります。

先にご相談のママからはこんなご感想を頂きました。

合格をしたら自立と考えて、中学進学と共に対応を変えたことで学校だけでなく、家庭内も安心して過ごせない場所にしていたようです。これまで娘の意見や気持ちも聞かず、受験の方針、進学してからの方針を押しつけていたことに気づけ、こうさせようではなく、受け止めてあげられるようになれました。少し時間はかかりましたが、本心を伝えてくれるようになり、私を気遣う言葉まで言ってくれるように変わりました。これが本来の娘の姿だったのに、優しい部分を潰してしまっていたと反省しています。笑顔が戻ってきて、学校でも友達ができてきたようです。

ずっと悩みを相談できる関係でいたいですね。そのために大切にしたいのが受験期の親子の会話。この時期どうしても勉強が中心となることで会話も勉強のことばかりになりがちです。知らず知らずお子さんと距離を作ってしまっていたら、努力して入った中学も楽しむことができませんね。

中学で伸び伸び過ごせるよう、進学後の対応をチェックしてみましょう。

●ひらめき天才肌タイプ

自分のことが大好きで自慢に思ってもらいたい、ひらめき天才肌タイプ。受験期に「大きなことばかり言って、大してできないじゃない」「ミスばかり」など否定され、受験以外でも褒めてもらえないような環境に長くいると、すっかり自信をなくしてしまいます。そんなグラつきやすいメンタルのまま進学すると、優秀な生徒さんに囲まれ、うまくいかないことがあるだけで、簡単に自信をなくしてしまいます。**受験期、勉強がうまくいかない時があっても、ママはあなたがたくさんに優れたところを持っ**

ているとわかっている、と伝えてあげましょう。進学すると、中学でも先生に褒められる優等生でいようと頑張ります。学校でかなり背伸びをして過ごしていますので、家庭ではその反動があるかもしれません。ぜひ受け止めてあげてくださいね。**「新たなチャレンジ、ママは誇りに思っているよ」と応援してあげましょう。**

しっかり者タイプ

経験が自信になるこのタイプは中学受験の取り組み方が大切。中途半端にやってうまくいかなかった…となると、新しい環境でどんどんチャレンジしていきたい！　うまくいかなくても頑張れる！　という自信が育たず消極的になってしまいます。**自分なりに頑張ったと自信が持てるよう声がけが大切です。**

また、しっかり者タイプのお子さんは信頼関係を大切にします。受験期に起こりやすいことが信頼を失うこと。ママが急に予定ややり方を変えたり、ママが決めた約束なのにママは守っていなかったり、受験期に勉強や成績のことばかりを気にかけ、お子さんにだけ理想の行動を求めたりと、その時の気分で対応してしまうと、ママの言葉が信頼できなくて本心が言えなくなってしまいます。素直にお子さんの心が開けるのはママを信頼しているから。ぜひ受験時もお子さんに信頼される言葉や行動でサポートしてあげましょう。

●コツコツ良い子タイプ

新たな環境に慣れるのに時間のかかるタイプ。友達や勉強のこと、新たな中学で知った人が少ない環境では不安もいっぱいです。学校や学業に慣れるまでママがしっかり話を聞き、寄り添ってあげましょう。

また、受験期に叱られた経験が多いと自己肯定感が低くなってしまいます。進学した中学でもうまく自分が出せないなど、萎縮してしまっては楽しめませんね。

受験期は褒めて育ててあげましょう。受験期に叱られたことが恐怖体験としてトラウマになるお子さんもいます。基本的に受け身なお子さんであっても叱ってやらせようとするのではなく、褒めることで行動を促しましょう。**また、お子さんの前での夫婦喧嘩に気をつけてくださいね。**そういったことが心の傷となる子が多いタイプです。**ママがかけた愛情の量に応じて、人に優しくできるようになると言われるくらい愛情が必要で、与える愛情も深いお子さんです。**受験期は手がかかりますが、心が通じていると進学してからも、なんでも相談できる相手としてママに色々話してくれ、積極的なチャレンジもできるようになります。

おわりに

3つのタイプ、いかがでしたでしょうか？　お子さんと個性のタイプが違った方は、良かれと思ったことがマイナスになっていることに不安を感じられたかもしれません。ですが、自分を責めたりしないで下さいね。多くのママが、ご自身とお子さんとの個性タイプを知ることでストレスを解消されています。負荷の多い受験期間だからこそ、お互いが過ごしやすく、楽しく勉強できる環境を持って頂けたらと願っています。

また、読み進めていると、うちの子は受験に向いていない？　と感じられた方がいらっしゃるかもしれません。自分のタイプであれば勝ちパターンが想像できても、お子さんのタイプだと勝てる未来が見えにくいことが原因です。

ひらめき天才肌タイプならば、才能はあるけれどコントロールしにくく受験ではやるべきことをさせられないと感じ、コツコツ良い子タイプでは自主性を感じらせず、目標を持って志望校を目指していけるのか？　と感じるなど、ママと思考も行動も違うため、お子さんに不足を感じ、受験に向いていないと思ってしまうことが多いのです。ですがそれは、受験のみを考え、ママの個性の視点で捉えた姿。人としての学ぶ力や優しさ、コミュニケーションなど、お子さんの持っている才能は計り知れない豊かなものです。

個性タイプを知り観察していくと、お子さんの良さやその特徴、資質を知ることができ、勉強以外の才能もあらためて認識できるかと思います。受験でもお子さんだけの勝ちパターンを見つけ、楽しく受験を乗り切って頂けたら幸いです。

もし今すでに、勉強しないお子さんにイライラしたり、「勉強しなさい！」「早くしなさい！」「なんでできないの？」など叱ったりすることが習慣的になっているなら、勉強そのものより個性の違いが問題となっているかもしれません。

実際、これまで４８００人の個別カウンセリングを受けたみなさんが、個性に合わせた声がけをするだけで、ヤル気も自己肯定感も上がったと実感されています。子どもが持っている思考、資質、得意を伸ばしてあげることで親子関係が格段に良くなり、ヤル気も成績も伸びるはず。今の学習をさらに伸ばすものとして、本書を末永く活用いただけたら嬉しく存じます。

井上晴美

〈著者紹介〉

井上晴美（いのうえ・はるみ）

中学受験ママ力開花アカデミー主催、Suclead株式会社代表。

長女の希望により、公立小5年生11月から中学受験をスタート。中学受験の世界、格差に衝撃を受けながらも3ヶ月で長女の偏差値を20上げるなど奮闘するが、ストレスの多い受験に悩み個性心理學を学ぶ。その後、姉妹を桜蔭合格へ導く。

2016年より、同じように悩む受験生ママのため、個性心理學受験カウンセリングをスタートする。子育て受験相談は延べ4800人。

2018年中学受験ママ力開花アカデミー開講。個性タイプを使った受験サポートメソッドは400名が受講。受講生の9割が成績アップし、反抗的な態度、ヤル気のない態度にイライラする日々から解放されるママが続出。親子の絆を深め、楽しく志望校を目指すメソッドとして人気を得ている。2019年Suclead株式会社を設立。個性タイプの面からサポートする受験メルマガ読者は6500人。

個性心理學研究所®認定カウンセラー・認定講師、銀座コーチングスクール認定コーチ、ストレスマネジメント講師。

ブログ　https://ameblo.jp/haru8115haru8115/

子どもの個性に合わせた声がけで偏差値10アップ!
中学受験を成功させるママのサポート50のポイント

2021年7月20日　初版第1刷発行
2021年8月30日　　　第2刷発行

著　者——井上晴美

発行者——張　士洛
発行所——日本能率協会マネジメントセンター
〒103-6009 東京都中央区日本橋2-7-1 東京日本橋タワー
TEL 03(6362)4339(編集)／03(6362)4558(販売)
FAX 03(3272)8128(編集)／03(3272)8127(販売)
https://www.jmam.co.jp/

装丁——西野真理子（株式会社ワード）
イラスト——ゼリービーンズ
本文DTP——株式会社RUHIA
印刷所———シナノ書籍印刷株式会社
製本所———株式会社新寿堂

ISBN 978-4-8207-2936-5　C0037
落丁・乱丁はおとりかえします。
PRINTED IN JAPAN